放送大学叢書041

古代ギリシアにおける哲学的知性の目覚め

古代ギリシアにおける哲学的知性の目覚め　目次

本書は、放送大学の「基礎科目」、「哲学への誘い」のための印刷教材として書かれた同名の『哲学への誘い』を今回書き改めたものである。「基礎科目」という科目が設定された理由として、放送大学の各科目の授業が難しい――入門段階の科目すら難しい――ので、入門段階の授業よりさらに易しい水準にある授業が欲しいということがあげられていたと記憶している。哲学の授業の場合なら、哲学の専門用語や言い回しをなるべく減らし、哲学固有の専門的な考え方も省略して、基本的事項の説明の類いに徹することが求められるということになるであろう。

しかし、本書では、そのような入門書の入門書を作るといった配慮を一切捨てることにした。理由は、哲学入門をさらに水で薄めたような内容の本では、余りにも無味乾燥なものになると思ったからである。それでは、哲学を専門にしない人むけに哲学に関係した本を書くといった、困難さも伴うかもしれないが、興味深いものを書くという、せっかくのチャンスを生かせないことになってしまうと思ったということだ。

そこで、改めて考えたのは、多くの人々の心のなかには、哲学のことを専門的に学ぼうとする以前に、哲学的と呼べるような香りのする学問、哲学的雰囲気を漂わせている文献には一度は触れてみたいという思いがあるのではないか。その要求を満たすようなテーマを探し出し、そのための文章を書いてみたらどうかということだった。

実は、そのような要求は、哲学の専門的研究に入る前の私自身の心のなかにもあったものでもあり、そのことでは、自分自身の経験に即して、この本の計画を立てたということもできると思う。その観点から古代ギリシア——哲学の祖国——の知恵を求めてヘロドトス、トゥーキュディデースといった歴史家の文章、アイスキュロス、ソフォクレス、エウリピデスといった悲劇作家の作品を扱うという道を取ったのである。とはいえ、専門哲学者も取り上げないわけではない。そこで、悲劇を扱ったの後、第六章では、プラトンの対話篇が取り上げられることになったのであるが、その場合でも、あくまでも本書の趣旨に従って、堅苦しい哲学談義としてではなく、エロスを扱った恋愛論として取り上げることになったという次第である。

このようにして、哲学的学問、哲学的題材、哲学的思考法には興味を持ちながらも、哲学そのものを学ぶことは敬遠していた方々に哲学に触れていただける内容の本を、というのが本書の狙いであってみれば、専門哲学からは確かにずれたものとみなされるものかもしれない。しかし、それ以前の哲学的なものには関心のある方々に満足していただければ喜びとする所である。

佐藤康邦

◉第一章

神話から歴史へ　ヘロドトスの『ヒストリア』

一　ホメロスの神話

哲学の祖国ギリシア

哲学の祖国となると古代のギリシアということになる。そもそも、哲学、すなわち英語のフィロソフィーPhilosophyという言葉の語源は、ピロソピアphilosophiaというギリシア語であって、知恵を愛するという意味を持ち、プラトン（紀元前四二八／七―三四八／七）が造った言葉とされている。それだけではなく、プラトン、さらにその師のソクラテスをはじめとして、優れた独創的な哲学者を輩出させたのも古代のギリシアであった。そこにおいて、哲学のすべてとは言わないが、非常に多くの考え方、概念が登場し、後の時代に大きな影響を与えたのである。なかでもプラトンによる、ソクラテスを主人公として登場させた対話篇の多くは完成度が高く、西洋文化の古典中の古典となっている。そこに盛られている内容は、哲学といっても今日におけるような人文科学の一領野に限定された学問としての哲学ではない。もっと広く、それこそ、「知を愛する」という言葉にふさわしい学問としての哲学が展開されているのである。

本書においても、このプラトンの対話篇は取り上げられる。しかし、すでに明らかにしたこの著書の性格付けに従って、決まりきった哲学の入門書としてではなく、人生の具体的現実に開かれた話題、それも恋愛を主題とするものとして扱うつもりである。しかし、それは第六章になって出てくる話である。その前に、哲学を最高の華として生み出したギリシア文化が、そもそもどのような歴史を経て成立したのかを検討したい。

ホメロス

ギリシアの歴史ということになれば、まず、初めにホメロスの叙事詩が登場しなければならない。『イーリアス』と『オデュッセイア』である。これは、確かにギリシアの過去の歴史が語られているという点では最古のものだ。しかし、また、あくまでも神話として語られていることも忘れてはならない。昔々、ギリシアの王たちが、一致団結してトロイアを攻めたという話が語られているが、そこには神々も登場し、人間界の出来事に影響力を発揮するのである。そうである以上、そのまま史実というわけにはゆかない。ただ十九世紀の末にシュリーマン（一八二二―一八九〇）がミュケナイやトロイの遺跡を発掘して以来、かえってその歴史資料的価値が評価されるようになったということもあるにはあるが。

『イーリアス』と『オデュッセイア』は有名な古典ではあるが、作者のホメロス自身についても、またこの叙事詩の成立事情についても、すでに古代ギリシアにおいても謎となっていたようである。たとえばホメロスが活動したのは紀元前八世紀と推測されてはいるが、神話で歌われている世界はそれよりもずっと以前のことであったということもある。この物語は、ギリシアと、小アジアのポリスであるトロイアとの間に起った戦争を軸に展開されているが、古代においてくり返された征服戦争、情け容赦なく残忍なものであったはずのこの征服戦争を、ホメロスは、ある恋をきっかけにして起こったものというようにロマンティックなものとして描いているのである。

その恋は、ギリシアのポリスの一つスパルタの国王メネラオスの妻で絶世の美女へレネと、メネラオスの館に客として泊まったトロイアの王子でこれも美男子のパリスとが愛し合い、ついにはメネラオスの財宝を奪って、トロイアにまで駆け落ちしてしまったという不倫の恋である。もちろん、こんなことをされてはメネラオスもたまったものではない。そこで彼の兄、アルゴスというポリスの国王であったアガメムノンに泣きついて、仕返しを依頼する。それに応えてアガメムノンは全ギリシアの王たちに呼びかけて、トロイア遠征にゆくという話になる。

古代ギリシアはたくさんのポリスと呼ばれる都市国家からできていて、普段はポリス同士仲が悪かったのだが、この時ばかりは一致団結したというのである。『イーリアス』はこの戦争の一場面を物語ったものである。このトロイア戦争全体は最終的にはギリシア軍の全面勝利におわり、トロイアは滅ぼされるのであるが、その勝利の後、ギリシアの国王の一人であったオデュセウスが、十年の歳月をかけてようやく故郷の島イタケーの宮殿に帰るまでの物語が『オデュッセイア』である。

以上は人間の物語と見えるかもしれないが、ホメロスの作品では、この物語は神々によって人間が操られるという形で進行していくということになっている。それだけではなく、その物語で活躍する人間たち（英雄たち）も、それぞれが神の子孫ということになっている。そこに、これが神話である所以《ゆえん》がある。この神々のうち、アポロのような神はトロイアを贔屓《ひいき》し、アテナ女神はギリシアを贔屓するという形で、神々同士が争いを繰り広げる。神々は、不死であるという点では人間とは異なる性格を与えられているが、しかし多分に人間化された性格も与えられていて、喜んだり、嘆いたり、争ったり、浮気をしたりもするのである。また、英雄たちの姿も、喜怒哀楽の情に身を委ねる者として、またオデュッセウスのように神をもためす知恵をめぐらす人間臭い者として描かれているのであるが、倫理的な善悪の問題にあまり深くこだわらない。言ってみれば大らかな人間把握がされている所に特徴が見られる。

この大戦争の原因となったパリスとヘレネの不倫の恋についても、倫理的に裁かれるということがほとんどない。それは神々の間での道ならぬ恋が倫理的に厳しく裁かれていないのと同じである。登場人物についての人物評価はされるが、それはあくまでも、当の人物に勇気があったかどうか、他人に対して気前がよかったかどうか、その肉体が美しいかどうかといった観点に従うものであった。だから、仲間を集めて神々に捧げると称する盛大な宴会を開いたり、高価な贈り物をしたりする英雄が、徳の高い人物として讃えられるのである。これは、やがて二十世紀になって、北米大陸の先住民の間で行われていたポトラッチと呼ばれる大盤振る舞いの習慣を見て、『贈与論』（一九二五年）という本を書いた文化人類学者マルセル・モース（一八七二―一九五〇）の研究を想い出させるものである。しかし、そうであるがゆえに、紀元前四世紀という時代の哲学者プラトンなどには気に入らなかったようである。プラトンは、ホメロスの神話に出てくる神々の奔放な振る舞いを道徳的観点から批判し、また宴会や贈り物についても、人間の心を物質的欲望の奴隷にするものであるといって非難しているのであった。

これがホメロスの叙事詩の基本性格であるが、たとえその話が史実としての信憑性を欠いたとしても、この神話の神々の人間的性格、英雄たちの多彩な個性の表現こそが、後に花開くギリシア文化の基本性格を決定するにいたることは、歴史的事実として認めなければなるまい。しかし、このギリシアにも、紀元前五世紀になると、ついにこのような神話段階を超えた歴史書が生み出されるのである。それが、ヘロドトスの『ヒストリア』であり、トゥーキュディデースの『ヒストリア』であった。その検討に移ることにしよう。

二　ペルシア戦争

ペルシアのギリシアへの遠征

紀元前五世紀の最盛期の到来に先立って、この世紀の初めに、ギリシアではペルシア戦争という大事件がおこる。

当時、ギリシアより先進地域であったオリエント世界は、アケメネス朝のペルシアによって統一されていた（図1-1）。ペルシアは現在のイランであるが、ここから興った王朝がメソポタミア、エジプト、パレスチナ、アナトリア、さらには、東はインドの一部までをも支配したのである。ほとんど世界中を支配してしまったようなものであり、ギリシアに関して

図1-1　古代オリエント世界とギリシア

も、イオニア地方、すなわちアナトリアとその沿岸に浮かぶ島々のギリシア人の住むポリスはペルシアの支配下に入った。そのペルシアがいよいよギリシア本土にむけて遠征を開始したのである。最初の遠征は紀元前四九〇年に行われた。その時のペルシアの王はダレイオス（英語読みでダリュウス）大王である。しかし、この遠征軍は、アテネの近郊のマラトンの戦いで、アテネを主力としたギリシア軍に敗北を喫する。その時、ギリシア軍勝利の報をアテネに伝えるために伝令が走った四二キロ余りの道のりが、マラソンというレースの起源であることは有名なことである。

しかし、それから十年後の紀元前四八〇年、息子のクセルクセス大王の時、王自らが大群を率いて遠征してきた。この時には、ギリシアのポリスは次々と陥落し、アテネも放棄される。スパルタ王レオニダスは、わずか三百人の手勢を率いてペルシアの大軍と戦い、壮絶な死を遂げた。しかし、アテネの知将テミストクレスの戦略が見事功を奏し、ペルシア軍は海上での戦いに誘い出され、うち破られる。それがサラミスの海戦である。そして翌年、プラタイアにおいて陸上の戦いでもペルシアは壊滅的な敗北を喫し、遠征は完全な失敗に終わる。

このペルシア戦争について、紀元前五世紀のギリシアの歴史家ヘロドトスが詳細に記述しているのである。この戦いの帰趨は、当時のペルシアが最盛期にあっただけに驚くべきことであった。ヘロドトスが報告していることからも、当時のペルシアがいかに巨大な国力を誇っていたかがわかるし、そのことは、現在のイランのスーサに眠る巨大な遺跡が物語っていることでもある（図1-2）。それは、さまざまの驚異に満ちた古代オリエントの文明の集大成という感があった。しかも、注意しなければならないことは、この巨大な帝国が、被支配民族に対してただ壊滅的打撃を加えていたわけでもなかったことである。確かに王朝の征服欲は強く、被支配者の反抗は許されなかったが、被支配者の宗教は尊重され、むしろ、それぞれの地域の宗教を司る神官に統治を委ねるという方針を採ったようである。そこで、古代イスラエルの歴史を綴った『旧約聖書』においては、過酷な支配を行っ

図1-2　スーサの神殿の壁画

たアッシリアやバビロニアなどに比べて、ペルシアの王は善玉と扱われているほどである。しかし、このペルシアに対してギリシアの諸ポリスは団結して抵抗し、ついに勝利を収めたのである。

花開くギリシア文化

そのことは、ギリシアにとって決定的な意味をもつことであった。ギリシアの国力は増大し、地中海の覇者の位置を得るにいたる。それだけではない。この時を境にして、真にギリシアらしい文化が花開いたのである。ギリシア悲劇の傑作が生まれたのも、この頃からのことである。現存している悲劇作品のうち最古のものの作家であるアイスキュロスは、自らこのマラトンの戦いに参戦した人物であり（彼の墓碑銘には詩人としての名声ではなくマラトンで戦った勇士であることが記されていたという）、さらにサラミスの海戦の模様を描いた『ペルシア人』という作品を遺している。また、ギリシア彫刻がアルカイック期から古典期に移ったのもこの時期である。『クロイソス像』（図1－3）のようなアルカイック期の彫刻では、彫刻の前から見た姿と横から見た姿しか意識されていないが、古典期の『クリティオスの少年』（図1－4）では、少年の右足が浮き足になっていて、やや斜めにねじったポーズで人体が捉えられている。それによって、この世界で生き生きと活動している人体の在り方がそのままに肯定され、その一瞬の美が捉えられる表現となっているのである。このギリシア精神を体現した作品が、紀元前四八〇年、サラミスの海戦の頃の作品と考えられているのももっともなことと言えよう。

さらに、ギリシアらしい哲学が力強い展開を示したのも、ペルシア戦争以降の紀元前五世紀のことである。この時代に、自然についての探究をした自然哲学が爛熟期を迎え、自然の内に理性を認めるとともに太陽を燃える鉄と石であると喝破したアナクサゴラスや、自然の万物の生成消滅をアトムの

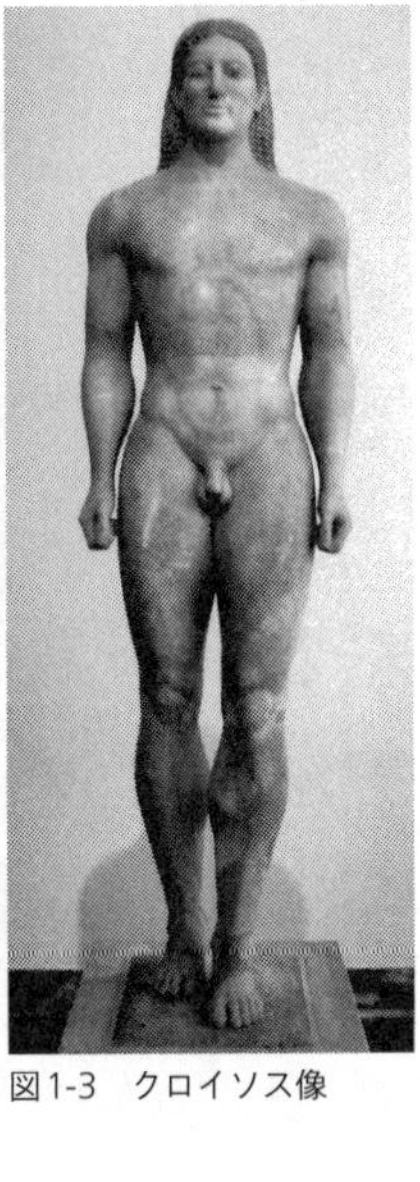
図1-3　クロイソス像

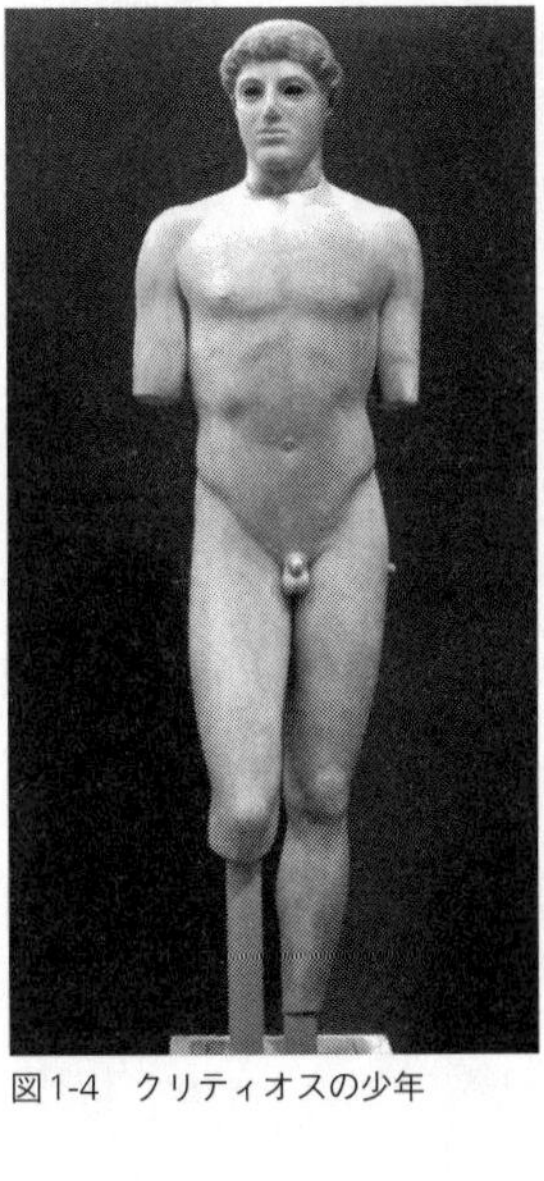
図1-4　クリティオスの少年

離合集散に求めたデモクリトスのような人物が登場した。さらに、「人間は万物の尺度」であるとして、認識の相対性について語ったプロタゴラスのようなソフィストと呼ばれる人々が活躍したのもこの時代のことである。それらの人々に影響されつつもまた反発もするという形で、ソクラテスが登場するのである。

ペルシア戦争が持つこのような文明史的意義については、この戦争の歴史を綴ったヘロドトス自身も自覚していたことであると言えよう。彼の考え方のうちには、専制国家としてのオリエントと、自由なポリスの文化をもつギリシアという明快な対比が存在している。このことを念頭に置いた上でヘロドトスの歴史記述について検討しよう。

三　ヘロドトスの『ヒストリア』

『ヒストリア』

ペルシア戦争について記述したヘロドトス（図1-5）の著作は『ヒストリア』と名づけられている。歴史を意味する英語のhistoryという言葉の語源である。そこで、この本は日本では『歴史』とも訳されるが、実は、この題名はこの著作の冒頭の次のような文章に由来するものなのである。

本書はハリカルナッソス出身のヘロドトスが、人間界の出来事が時の移ろうとともに忘れ去られ、ギリシア人や異邦人《バルバロイ》の果たした偉大な驚嘆すべき事績の数々――とりわけて両者がいかなる原因から戦いを交えるに至ったかの事情――も、やがて世の人に知られなくなるのを恐れて、自ら研究調査したところを書き述べたものである。（I－序）

この記述から、まず、ヘロドトスがイオニアのハリカルナッソス出身の人物であることがわかる（彼は最盛期のアテネでも活動したことはわかっているが、その生歿年の方は良くわかっていない。サラミスの海戦の前後に生まれたと推定されている）。次には、ギリシア人と異邦人との間の戦争について「研究調査した」と書かれている。この「研究調査」という言葉がギリシア語の動詞のhistoreoヒストレオという言葉の訳語である。したがって、ここに

図1-5　ヘロドトス

は調べて知るという意味があるだけなのだが、この言葉に基づいてこの著作の題名が『ヒストリア』とされたことで、後代になって、「歴史」とか「物語」という意味を持つhistoryという言葉が生み出されたというわけなのである。そこで、本書では、この著作を、『歴史』とは呼ばずに、あえて『ヒストリア』と呼ぶことにする。何と言っても、この、研究調査、調べて知るということこそヘロドトスのこの著作の心髄を示すものだからである。

では、ヘロドトスはどのようなことを、調べ、知ったのであろうか。中心になるのは、当然ギリシア人とペルシア人との間の戦争の原因が何であり、それがどのように経過したかについてということになるが、当時のペルシアはオリエントの全域を支配していたのだから、この両者が戦いに至るまでの経過を知るということは、ギリシア人にとって人間世界のほとんどすべてを意味するギリシアとオリエント全体について知るということにほかならなかった。ヘロドトスによる古代オリエント世界についての記述は多彩きわまりないものであり、高く評価されている。そこには、ペルシアの支配に至るまでのオリエントのさまざまの王朝の興亡の歴史の報告、また歴史を飾る大物たちについての報告があることは当然のことであるが、それと並んで、地理学的な事実についての膨大な報告がされているのが目を引く。さまざまの国々の自然環境とともに、そこに住む人々の生活ぶり、風俗、習慣、宗教、産業、また土木建築についての報告がある。これらの膨大な事柄について、ヘロドトスは、尽きることを知らぬ好奇心と、敏感な感受性、さらには偏見に囚われることない人間理解に基づいて調査し、知ろうとするのである。

エジプトでは、ヘロドトスはナイル川の秘密に挑む。ナイルデルタの地質を調べ、ナイルの押し流す土砂の量を推測し、さらには沿岸の丘に登り、貝の化石を見出し、地表に塩分が吹き出しているのを見出す。そこで、かつてそこが海であったに違いないと推測するとともに、そもそもエジプトの平野がナイルの押し流す土砂の堆積したものにほかならないことを突き止める。よく知られている「エジプトはナイルの賜《たまもの》である」（II－5）という言葉は、このことを意味する。ここには明らかに科学的精神というものが見て取られるであろう。そのような、オリエントの事情が、ギリシア最初の哲学者と呼ばれるタレスが日食を予言した（紀元前五八五年）話などとともに記載されているのである。

ここにも窺われるように、ヘロドトスは常に客観的で、ある程度は科学的とも呼べる観点に立ってギリシア人の事績も異邦人の事績も眺めるという態度を崩すことがない。同じ古代でも『旧約聖書』からは罪悪視されたオリエントの大建築物、たとえば八層からなるバベルの塔に対して、ヘロドトスも詳細な報告をしているが、それは、むしろその建築物の壮大さへの感嘆を示すものとなっている。ギリシアの敵国ペルシアの壮麗な文明についても、これを貶《けな》すどころか、むしろ賞賛の目を注いでいるほどである。このような偏見に囚われない見方というものを象徴する話が、ペルシアの宮廷でのダレイオス大王に関わる話として紹介されている。それによると、大王は、ある時側近のギリシア人に向かい、いくら金を積めば死んだ父親の肉を食べられるかと訪ねたという。そのギリシア人は、いくら金を積まれてもそれはできないと答えた。それに対して、次に、大王は、死んだ両親の供養のためにその肉を食べる習慣を持つインドに住むカッラティアイ人に、いくら金を積めば死んだ父親の遺骸を火葬にできるかと訊ねたところ、カッラティアイ人は、王にむかってどうか口を謹んでほしいと懇願したという。親を火葬に付すような不敬が許されるはずはないというわけなのである。ここで、ヘロドトスは、ギリシアの詩人ピンダロスの「ノモスこそ万象の王」という言葉を引用している（Ⅲ-97）。ここではノモスは習慣という意味に解され、その習慣が持つ力の大きさが称えられているのである。親の死体を食べるカッラティアイの習慣も、親を火葬するギリシア人の習慣も、習慣としては平等であるということである。

ヘロドトスの人間観

このヘロドトスの囚われのない眼差しは、彼の人間一般についての見方にまで広がっていく。ペルシアの大王クセルクセスは、ある時にはいかにもオリエントの専制君主という姿で描かれている。ギリシア遠征に向かう途中、軍隊を進軍させるためにヘレスポントス海峡（ダーダネルス海峡）に架橋させるのであるが、最初の試みは失敗してしまう。すると、大王は、怒りの余り工事責任者の首をはねさせたばかりか、自分に逆らったからというので海までも鞭打たせたという。しかし、アビュドスという丘の上で遠征軍を閲兵するにあたっては、「これだけの数の人間がおるのに、誰一人として百歳の齢まで生き永らえることができぬと思うと、おしなべて人の命はなんとはかないものかと、わしはつくづくと哀れを催してきたのじゃ」（Ⅶ-46）といって落涙する。専制君主の両面が見事に捉えられていると言えよう。

このような話は『ヒストリア』に珍しいものではないが、なかでも有名な話として、ソロンとクロイソスの話がある。

　ギリシア遠征の時代よりずっと以前のこと、栄華を誇った小アジアの国家リュディアの王宮をギリシアの立法家ソロンが訪問したことがあった。その時、国王クロイソスは、希代の知恵者として評判のソロンに接見し、「この世で一番幸せな者は誰か」と質問したというのである。もとより、クロイソスは、富と権勢を持つ自分こそ最も幸せな人間であるとソロンに言ってもらいたかったのであるが、意外やソロンは無名のギリシアの一市民の名をあげ、彼がアテネに住まい、子に恵まれ、戦争で天晴れな死を遂げたから最も幸福な人物だったと言ったのである。そして二番目に幸福な人物としては、これもギリシアの無名の兄弟の名をあげ、親孝行をした末に死んでいったからという理由をあげた。たまりかねたクロイソスが、自分の幸福はそのような庶民に及ばないのかと問うのに対するソロンの答えは、次のようなものだった。

　人生七十年生きたとしても、その間に過ごす生涯の内容は偶然以外の何ものでもなく、遭いたくもないことに遭わなければならないこともしばしばである。だから、クロイソス王のように莫大な富を所有し、栄耀栄華をつくしている人物の場合ですら、結構な生涯を終えたと知るまではその生涯が幸福であったということはできない。「人間死ぬまでは、幸運な人とは呼んでも幸福な人と申すのは差し控えねばなりません」(I-32)というのである。そこで、機嫌を損ねたクロイソスは早々にソロンを立ち去らせた。しかし、その後クロイソスは次々と不幸に見舞われる。息子が事故で死んでしまう。さらに、自分自身ペルシアとの戦いに敗れ、捕まり、いよいよ処刑ということになった。その瞬間に、クロイソスはかつてソロンに言われたことを思い出し、悲しみの声でソロンの名を呼ぶと、そのことを聞いたペルシア王キュロスは、クロイソスの命を救ったというのである。

このように、人間は、その生まれ、地位、貧富、才能等に大きな違いがあったにせよ、死を免れ得ないとか、一生の幸不幸は生涯の最後になってみなければわからないという共通の条件のもとに置かれている。オリエントの専制君主も神でないのと同様に、単なる殺人機械であるわけでもない。いかなる英雄、テミストクレスのような英雄とても欠陥がないわけではない。また、名もなきギリシアの一兵卒であっても、その内なる志操の堅固さによって大王に対峙し得る人物であることを示すことができる。このようなものが、ヘロドトスの人間観である。この人間観の頂点の位置に、いわゆるヒュブリスの諫めという思想が登場するのである。

ヒュブリスへの諫め

ヒュブリスというのは、驕慢とか、傲慢とか、野心というように訳されるギリシア語の単語である。これもまた神であるとの説もあるが、そのヒュブリスが人間の心にとりつくと、当人に分を超えた野心を抱かせ、あげくの果ては、当人を破滅に導くと考えられていた。これは、当時のギリシアにおいて人々を広く支配していた観念であり、同時代のギリシア悲劇にもこの考え方を見て取ることができるが、それがヘロドトスの歴史書にも貫かれているのである。ソロンとクロイソスとの話が、すでにそれであるが、それが、最もドラマティックに示された箇所がペルシア王によるギリシア遠征決定の瞬間である。

ダレイオスによる遠征失敗の後、ギリシア遠征の計画はなかったのだが、その子クセルクセスの代になり、周囲からの熱心な勧めもあり、王自ら遠征に心動かされるようになる。それに対して、大臣であり、かつ叔父であるアルタバノスは、その遠征が危険であり、無駄であることを説き、何とかこの遠征を思いとどまらせようとする。その時の彼の言葉が次のようなものである。

殿も御存じのごとく、動物の中でも神の雷撃に打たれますのは際立って大きいものばかりで、神は彼らの思い上がりを許し給わぬのでございますが、微小のものは一向に神の忌諱《きい》にふれません。また家や立木にいたしましても、雷撃を蒙るのは常に必ず最大のものに限られておりますことは、これまた御存知のとおりで、神は他にぬきんでたものはことごとくこれをおとしめ給うのが習いでございます。神明《しんめい》はご自身以外の何者も驕慢の心を抱くことを許し給わぬからでございます。

（Ⅶ－10）

まさに、ヒュブリスへの諫めそのものである。権勢の頂点にいたクセルクセスは、一旦はこの忠告に不快を示すのであるが、しかし、よくよく考えてみるとこのアルタバノスの忠告が正しいと思うようになり、遠征中止を決意する。しかし、不思議なことに、その夜の夢のなかに眉目秀麗な神のような男が現れ、なぜギリシア遠征をしないのかとクセルクセスを責めたというのである。しかも、次の夜もその男は現れ、遠征を行わないならお前は没落するぞと責め立てた。それればかりではなく、その話を疑うアルタバノスすら、王に言われて、王の寝台で王の衣装をつけて寝ていると同じ夢を見たというのである。そこで、ついにギリシア遠征が決定されてしまう。これ自体不思議な話である。しかも、一旦はアルタバノスのヒュブリスの諫めを聞き入れながら、それを翻してしまうようし向けられてしまったというのであるから、ますますわからない話である。すでに巨大すぎる権勢を持ったクセルクセスがギリシア遠征に駆り立てられて、それに失敗するように運命づけられていたということそのものが、ヒュブリスへの諫めになっているのかも知れない。いずれにせよ、この『ヒストリア』という膨大な情報を盛った著作のクライマックスの所に、ヒュブリスへの諫めという思想主題が登場してくるということは特徴的なことである。

ヘロドトスにおける神話と史実

以上を踏まえた上で、この辺で、ヘロドトスの『ヒストリア』の価値を検討してみよう。一方では、ヘロドトスが公平で客観的な態度で歴史を記述したこと、そこには科学的精神すらも認められないわけではないということは、すでに指摘したことである。しかし、他方、その歴史記述が、今日の目から見て問題を抱えていることも事実である。たとえば、そこには平気で神話的内容が入ってきている。どこそこの神殿の影像が動いたなどといった類の超自然的な奇跡の類が無批判的に記載されているし、何か重大な事件が起こる前には必ず神託や予兆の類があり、ほぼその通りに事件が経過するようになっている。

さらに、ヘロドトスの歴史記述を古風なものに見えさせていることは、歴史の内容が、説話、すなわち、物語、お話として進行していることである。王朝の交替も、戦争も説話として、しかもなにがしかの教訓を含んだ説話として物語られているのである。確かに、この著作の冒頭では、ギリシア人と異邦人がいかなる理由から戦争を始めるに至ったのか、その原因を問うてみるということが書かれている。しかし、今日の歴史学を満足させるような原因は示されず、神話を交えたエピソードの連なり、それも脱線につぐ脱線の連なりに従って歴史が経過していくようになっている。そこでは、経済的条件の提示を始めとした社会科学的手続きを経ることもないし、与えられた資料の批判的検討もされていない。面白そうな話ならば何でも書いておこうといった様子なのである。

ここが、ヘロドトスに関する評価の分かれる所であろう。しかし、この本の愛読者となれば、余りけちをつける気持ちにもならないかもしれない。何と言っても、この

『ヒストリア』がペルシア戦争を始めとした、古代ギリシア、古代オリエントについての資料として比較を絶した価値のある文献であることは否定できないことなのだから。それに、忘れてはならないことは、この本がともかくも面白いということである。今日から見ての多少の違和感があったにせよ、少し我慢してそれに慣れれば、後は、何とも豊かで、興味を引く人間のドラマが待っていてくれる。この、面白すぎるという所が近代の歴史学からお叱りを受ける所かもしれないが、面白くて悪いはずはない。古代の人間の生命力がみなぎっているのである。それに、書かれているのは、ともかく、哲学の故郷である古代ギリシアの話である。そこには、何がしかの哲学的雰囲気も立ちこめてくるというものである。それだけでも、本書にふさわしいものと言えるであろう。

註

1　訳文は松平千秋訳『戦史』（岩波文庫）に従っている。

◉第二章

人間洞察と歴史記述

トゥーキュディデースとペロポネソス戦争(上)

一　トゥーキュディデースの方法論

ペロポネソス戦争

ヘロドトスが活躍した時代から数十年後、同じ古代のギリシアに別の偉大な歴史家が登場した。トゥーキュディデース（図2-1）である。トゥーキュディデースの生きた時代、紀元前五世紀後半はギリシア文化の最盛期であった。その時代は、その中心を担ったアテネの当時の指導者の名にちなんでペリクレスの時代と呼ばれているが、トゥーキュディデースはこの時代のアテネ市民であった。そして、このペリクレスの時代にギリシアを見舞ったペロポネソス戦争を経験し、その戦争について記述したのである。この戦争は、ギリシア全体がアテネ側とスパルタ側に分かれて行われた戦争であり、紀元前四三一年から紀元前四〇四年までの二十七年間続いた末、アテネの全面的敗北に終わった。その意味で、この戦争は、アテネのみならず古代のギリシア文化にとって悲劇的なものであった。そのことは、トゥーキュディデースの人生にも暗い影を落としていると言えるのだが、そのなかから、最盛期のギリシア文化の最高の華の一つと言うべき歴史書が書かれたのであった。

図2-1　トゥーキュディデース

トゥーキュディデースの歴史記述

トゥーキュディデースの著作も一般には『ヒストリア』、すなわち『歴史』と呼ばれている。しかし、ヘロドトスのものとは大きな相違があるので、あえてその違いをはっきりさせるためにも、岩波文庫版の翻訳者である久保正彰氏にならって、その名を『戦史』と呼ぶことにする。トゥーキュディデースとヘロドトスとは世代的にはわずか数十年の違いしかないが、その歴史記述の方法には途轍もない程の相違が認められる。まず目につくことは、ヘロドトスの歴史記述に比べて、トゥーキュディデースのそれがきわめて客観的、実証主義的であるということである。客観的というなら、ヘロドトスも公平な態度で歴史を見ようとしたという点では客観的であると言えなくはない。しかし、その客観的、実証主義的の質が違うのである。そのことはトゥーキュディデース自身が十分に心得ていた。彼自身が自著のなかで自らの歴史記述の方法について論じている箇所を見てみることにしよう。

われわれの論旨をもってすれば、古事を歌った詩人らの修飾と誇張にみちた言葉に大した信憑性をみとめることはできない。また伝承作者のように、あまりに古きに遡るために論証もできない事件や、往々にして信ずべきよすがもない、たんなる神話的主題を綴った、真実探求というよりも聴衆の興味本位の作文に甘んじることもゆるされない。[註1]（Ⅰ−21、岩・上・七三）

ここには、ホメロスのような詩人の修飾と誇張に満ちた語り口に対する非難と同時に、ヘロドトス的な説話的、神話的歴史記述からの決別が宣言されている。それは聴衆の興味本位の関心に迎合することでしかない。それに代わって、明白な事実にもとづいてのみ歴史記述を行わなければならないというのである。

その際、トゥーキュディデースは、この戦争の記述を、人々によって実際行われた事績、すなわちギリシア語でいうエルゴンergonの記述と、人々によって語られた発言、すなわちギリシア語でいうロゴスlogosの記述との二本立てで進めていくとしている。そして、このうち、エルゴン、すなわち行動、出来事についての記述のうち、人から聴いたことに関しては、たとえ目撃者からの情報であっても無批判的に受け入れたりはしなかったし、ましてそこに主観的な類推を交えることなどは固く慎んだ。また、自分が目撃者であったことに関しては、できる限り正確であるように事実の検証に努めたと語っている。

次に、ロゴスすなわち語られた言葉についての記述のうち、自分が直接聞いた発言についてであろうと他人から聞いた発言についてであろうと、一字一句そのまま思い出すことは不可能なので、発言者当人なら直面した状況を考慮してみればこう語ったに違いないと思われるような内容を再構成したと述べている。[註2] しかしそれでも、正確さを期することは困難を極めた。その理由は次のようなことだという。

事件の起こるたびにその場にいあわせた者たちは、一つの事件についても、敵味方の感情に支配され、ことの半面しか記憶にとどめていないことがおおく、そのためにかれらの供述はつねに食いちがいを生じたからである。（I－22、岩・上・七五）

このようにトゥーキュディデースは誤りに陥りがちな人間性一般の弱点に関して語るのである。そのような変わらざる人間性についての認識を踏まえた指摘は、すでに『戦史』の冒頭でペロポネソス戦争こそが史上最大の戦争であったということを論証する文章のなかで登場する。

往々にして人間は、自分がその渦中にあっていま戦いつつある戦争こそ前代未聞の大事件であると誤信する。そして戦争が終り、直接の印象がとおのくと、古代の事績にたいする驚嘆をふたたびあらたにするものである。しかし印象ではなく結果的な事実のみを考察する人々には、今次大戦の規模がまさに史上に前例のない大きいものであったことがおのずと判明するだろう。（I－21、岩・上・七四）

トゥーキュディデースは、この大戦がホメロスの歌うトロイア戦争を含めて、史上最大規模の戦争であったことを立証するために、今日なら、考古学的、地理学的、経済学的、軍事技術学的と呼ぶべき観点を導入して、過去の戦争の規模を推定している。その際、ホメロスの神話も重要な資料となる。しかし、それはあくまでもその真偽についての厳密な考証を行った上でなされる。そのようなことを説く彼の記述は、私たち読者にトゥーキュディデースと現代との間に横たわる二千数百年の時を一瞬にして忘れさせてしまうほどに高度に知的なものであるのだが、それにしても注意すべきことは、戦争の規模について一見淡々と方法論を語る文章の背後に何とも言えない柔軟な人間理解がひそんでいることであろう。

この方法論の結論部分は次のようになっている。

私の記録からは、伝説的な要素が除かれているために、これを読んで面白いと思う人はすくないかもしれない。しかしながら、やがて今後展開する歴史も、人間性のみちびくところふたたびかつての如き、つまりそれと相似た過程を辿るのではないか、と思う人々がふりかえって過去の真相を見凝めようとするとき、私の歴史に価値をみとめてくれればそれで充分であろう。この記述は、今日の読者に媚びて賞を得るためではなく、世々の遺産たるべく綴られた。（Ⅰ-22、岩・上・七五）

ここでいう人間性の「人間」という言葉は、ギリシア語でアントロポス anthropos という。確かに、ここには、このアントロポスの本性に従って歴史の真相を解明しようという並々ならぬ決意がみなぎっていることが窺える。私たちも、それを踏まえた上で彼の歴史記述の客観性の質についてさらに詳しく見てみることにしよう。始めは、因果性の問題についてである。

二　歴史叙述の客観性——因果性問題

大戦の原因

歴史学にとって、出来事の因果関係の理解が大切なものであることは言うまでもない。それこそが歴史学の使命とも言えるくらいである。ヘロドトスの『ヒストリア』においてでさえ、冒頭に、ペルシャ戦争がいかなる理由、ギリシア語で言うと、いかなるアイティア aitia から始まったのかを研究調査するということが書かれていた。
しかし、この因果関係の確定ということがさまざまな問題をはらんでいることも事実である。歴史を動かす本当の原因は何なのか。ヘロドトスでは、しばしば、専制君主の気まぐれや、面白おかしい逸話の類が、歴史的事件の原因とされている。それが、近代のマルクスの場合ならば、歴史を決定するのは物質的下部構造であるというわけで、経済学的条件のうちに事件の原因が求められる。いずれが正しいかは別として、ともかくも歴史を叙述する際には因果関係の確定に十分な注意が必要であることだけは確かだということであろう。そこで新たな問題にぶつかる。十八世紀スコットランドの哲学者、デイヴィッド・ヒューム（一七一一―一七七六）は、そもそも因果関係などというものが客観的に存在することに対して疑問を投げかけていた。二十世紀の哲学ではむしろそういう見解の方が常識と思われている位であり、ルードウィッヒ・ヴィットゲンシュタイン（一八八九―一九五一）などは、「因果性を信じることなど迷信だ」（『論理哲学論考』）とすら言い放っている。そのような考え方に対応するように、二十世紀の社会学者マックス・ウェーバー（一八六四―一九二〇）は興味深い社会科学方法論をのこしている。そこで彼は、歴史学における因果性の探究について、複数の原因の結果である一つの事件の探求に関して、何か一つの事柄を真の原因としてあげるということは、観察者の知的な操作の結果という性格を免れ得ないと言っている。その上で、それは、研究者がどのような観点を取って歴史を見ているかを前提とすることなのだから、研究者はそのことについての厳しい自覚を持つ必要があると説いているのである。

この原因・結果の問題については、実は、すでにギリシア哲学のなかでも突っ込んだ検討がされていたのであって、トゥーキュディデースによる因果関係の把握の方式は、それに対応するように周到を究めたものとなっている。その例として、彼によるペロポネソス戦争の原因についての記述を見てみよう。トゥーキュディデースは、ペロポネソス戦争が、一般にアテネとスパルタ側がエウボイウア島という島の帰属をめぐって結んだ平和条約が破棄された時に始まったとされていることを認めながらも、さらに、そうなった原因を探る。この大戦の原因については、すでにその当時からもさまざまに取り沙汰されていたようであり、そのなかにはトゥーキュディデースがあげているわけではない巷の噂としてであるが、ペリクレスの個人的スキャンダルのようなものもあった。ただ、トゥーキュディデース自身は、この戦争の真の原因については、ただ、次のように述べるにとどめている。

あえて筆者の考を述べると、アテーナイ人の勢力が拡大し、ラケダイモーン人に恐怖をあたえたので、やむなくラケダイモーン人は開戦にふみきったのである。

（I－23、岩・上・七七）

ここでアテナイと言われているのはアテネの古い呼び方であり、ラケダイモンというのはスパルタの別名である。この見解が意味することは、二十七年間続いたペロポネソス戦争には、それが開始されるにあたっての直接のきっかけがあり、さらにそれを引き起こしたと見られる原因は幾つもあるだろうが、決定的に重要な原因は、ペルシア戦争以降優秀な海軍力を用いてギリシア世界に急速に勢いを延ばしてきたアテネに対するスパルタ側の恐怖にほかならないということになる。ここには、真の原因、直接のきっかけ、誤って信じ込まれている原因というように、原因・結果の関係が錯綜したものとして捉えられているのがわかるであろう。その上で、誰もが納得できる真の原因が示されているのである。これには、マックス・ウェーバーすら満足させられるに違いない。

また、このように因果関係の把握の周到さがあればこそ、『戦史』に記載されたさまざまな戦闘の模様も、奥行きのある記述となっているのである。

海戦

その例を、大戦三年目の夏に、ギリシアのある海峡で行われた、スパルタ側同盟軍——ここではペロポネソス側と呼ばれている四十七艘からなる船隊——と、二十艘からなるアテネ側船隊との戦いの記述に見てみよう。数では勝っても始めから操縦能力劣弱なペロポネソス側は、大型船で円陣を組んで軽量船を中に入れるという防御の姿勢を取っている。それを、提督ポルミオーン麾下《きか》の優秀な操縦能力を持つアテネ側船隊は取り囲み、周囲を廻り、敵の円陣を少しずつ狭めていくという作戦に出る。その上で、ポルミオーンは、風が吹けばやがて敵が互いに船体をぶつけ合い、混乱するに違いないとの予測のもとに湾内から朝風が立つのを待ったのである。

もとより、すぐれた操縦性を誇る船隊を従えていたポルミオーンは、何時でも己れの思いのままに攻撃できたが、風を待てば絶好の機会がつかめる、と思った。やがて、朝風が吹きはじめると、それまでにすでに間隔を押しつめられていたペロポネーソス側の船団は、風に揺られ軽量船に阻まれ、両側からの圧力にたちまち列が乱れた。そして船体が打ち当たるたびに竿でつきはなし、警告を叫び罵声を放ち大声で互いに呼び交わしたので、伝達される命令も、水夫長の合図も、全く船員の耳に入らず、また漕手らも訓練不足のために荒波に揉まれながら櫓を水面から持ち上げることができず、どの船もますます船長の意のままにならなくなった。このとき好機来たれりとポルミオーンが合図をあげると、突入したアテーナイ船隊は最先きに司令旗を掲げた敵船一艘を撃沈し、つづいて当るをさいわい他の敵船にも攻撃をつづけ、混乱に陥った敵船群に一艘も防戦の暇をゆるさず、全船ことごとくアカイアのパトライ、デューメー方面に潰走せしめた。追撃につったアテーナイ勢は、敵船十二艘を捕獲し、その乗組のほとんど全員を海から引きあげて捕虜にして、モリュクレイオンに引き返した。そしてリオンに勝利碑を築き、ポセイドーン神に捕獲した敵船一艘を奉納してナウパクトスへ帰航した。

（Ⅱ-84、岩・上・二七四-五）

簡潔ではあるが、海戦の模様が手に取るようにわかる正確で彫りの深い叙述である。読者は、アテネ側、ペロポネソス側、両船隊の規模と特質を知り、朝になるとこの海峡に風が吹くといった地理的、気象的条件を知る。その上で、両船隊の指揮官の状況に対する読みと作戦を知り、その決断を知り、それが辿った実際の経過を知ることになる。事件を成立させている原因の考察からは、神話、伝説の類が排除されていることはもとより、単なるお話の類も排除され、実証的な原因のみがあげられている。ここでのトゥーキュディデースの叙述は、ポルミオーンの作戦が見事に成功したように、原因・結果の関係を解明することに成功したようである。

しかし、それにしても、ここで注意しておかなければならないことは、この叙述が生彩に満ちている理由は、事件を成立させる原因と結果との間の関係が、ただ必然的関係として捉えられているだけではなく、刻々と移りゆく状況のなかでの当事者たちのその時々の読みと決断、希望と不安が正確に捉えられていることにも求められるべきことであろう。人は状況のすべてを知り尽くして行動に移るわけではない。どのような緻密な計画にも予想外の出来事が見舞うことはある。だから、まさに、結果は運次第ということもある。この海戦は、ポルミオーンにとってはすべてが思惑通りにいった。けれども、ペロポネソス側から見れば、予想外に不運な結果になったということもあるはずである。船隊に円陣を組ませるというように一応は正しく作戦を立てたのであるが、味方の船同士が衝突するなかで指揮官の声まで聞こえなくなってしまったなどというのは、予想外の不運ということになるかもしれない。逆に、ポルミオーンの戦術とても、別の時にはうまくいかないこともないわけではない。そのことを熟知していればこそ、トゥーキュディデースも、事件を説明するのに、あえて「運」――ギリシア語でテュケー――という言葉を使うこともあると言えるのである。すべての出来事を運によってしか説明できないのは知的無力を語ることでしかない。運しか当てにできない指揮官は無能どころではない、犯罪的存在だと言えよう。しかし、すべてを必然の関係とみなすことも、間違っている。『戦史』のなかには、次のような言葉を見出すことができる。

……思慮ある人ならば、戦とは……己れの意図する限界を越え、運とめぐり合せによっては如何ようにも転変しうることを心得ているはず。さればこそこの心得あるものは、己が成功にたいする過信をいましめ増長を謹しむ故に、蹉跌《さてつ》することは稀であり、勝運のうちに鉾《ほこ》を収めるべきをわきまえている。

（IV−18、岩・中・一五一）

この思慮ある人の配慮こそ、またトゥーキュディデースの歴史記述を貫くものであったと言うことができるであろう。

このようにして必然と偶然、可知と不可知の両領域の接する境界線上に敢えて身を置くことが、重層的な因果把握を可能にしていると言えるのである。ペロポネソス戦争の苛烈な戦闘描写の合間には、次のような記述が紛れ込んでいるのを見ることがある。

……するとアテナイからアルゴスへ重装歩兵一千と指揮官アルキビアデスが加勢として到着した。しかしラケダイモン勢は他方面へ外征中であると知って、加勢の必用もすでにないと判断して、帰国した。こうしてこの夏は過ぎた。（V−55）

見られるとおり、ここでは読者の耳目を引きつけるような事件は何もおこらない。

アテナイ軍が加勢としてアルゴスに来たが、すでにラケダイモン勢がいなかったので、引き返したということが記述されているだけである。しかし、私たちがひとたび思慮をもってこの記述に臨むなら、ここに多くのもの、不断に人が懐いている配慮、希望、不安のすべてが欠けることなく潜んでいることを読み取ることができるであろう。このような不作為の積み重ねの上に私たちの日常というものもあるのであり、また明らかな起承転結を有する作為といえどもこのような日常性の背景、不作為の背景なしにはあり得ないのである。そして、このような細部の存在こそ、『戦史』にゆるぎないリアリティを保障するものだった。トゥーキュディデースにおける因果帰属の問題とは、このような水準の知性におけるものだったのである。

三　歴史記述の客観性――価値判断からの自由

敵味方の感情

歴史記述の客観性ということを問題にするに当たって、因果関係の把握の問題と並んで重要な問題が、事実の把握が価値判断に支配されているかどうかということである。それに関しては、すでに、引用したトゥーキュディデースの文章のなかの、往々にして人は「敵味方の感情」に支配されて、事柄を正確に捉えられないものであるという指摘が重要である。このように、敵味方の立場からの価値判断に従って、認識対象を歪めて見てしまっては歴史家として失格であることは言うまでもない。しかし、この問題は、さらに奥が深いのであって、この価値判断には、差し当たっての敵味方の立場からの価値判断以外に、道徳的価値判断、宗教的価値判断、時代の価値観、民族の価値観に従う判断にまで及ぶものがあるはずである。そのような価値観からどれだけ距離を取って歴史を見ることができるかという問題があるということになる。先ほどあげたマックス・ウェーバーの言葉を使えば、ヴェルトフライハイト Wertfreiheit、すなわち没価値性、あるいは価値からの自由という問題となる。

トゥーキュディデースの歴史記述の態度を見る時、彼が、ここにあげたすべての段階の価値判断から距離を取っていることに気づかされる。まず、ペロポネソス戦争の当事者である、アテネとスパルタに対してはどうであるだろうか。トゥーキュディデースはアテネ人であったが、彼の記述からは、アテネの立場を弁護して、スパルタを非難するという姿勢は全く認められない。この大戦の始めの頃の記述において、彼は、開戦理由として、アテネ側がペルシア戦争以来のギリシア世界に対する功績を盾に、自分たちが既得権益を享受するのは当然だと主張していることと、スパルタ側がアテネの帝国主義的支配からの「ギリシアの解放」（Ⅱ－８、岩・上・二〇〇）を大義名分としていることとを全く平等に取りあげている。その態度は一貫しているのであるが、ただこれにはトゥーキュディデース自身の特殊な事情も寄与しているようである。というのも、彼もこの大戦の初期の段階では、アテネ軍に局地戦の指揮官として従軍していたのであるが、ある戦いでの敗北の責任を取らされて、アテネを追放となってしまったがゆえに、両陣営を公平に見ざるを得ない立場に追い込まれてしまっていたとさえ言える状況にあったからである。

しかし、それだけではない。さらに注目しなければならないことは、トゥーキュディデースの歴史記述においては、一定の道徳的立場からの判断なり、宗教的立場からの判断なりが極力抑えられているということである。彼の記述からは、当時のギリシア人が一般に支配されていた、日食、月食、地震、鳥占等の予兆への神話的信仰は全く認められない。特定の宗教的倫理観が前面に押し出されるようなこともない。さらに、それだけではなく、事件なり人物なりを見る際に、それらに対して一方的に倫理的な判定を加えるようなことが差し控えられていて、人々がどのような利害関心に従って行動するかを、またそれによって生ずる現実を支配する力の論理がいかなるものなのかを、ただ冷静に見極めようとする姿勢が顕著なものとなっているのである。その例を、大戦開始の段階での外交交渉における各代表の発言や、各ポリスの議会での発言に見てみよう。まず、アテネに対抗していたコリントスの代表の発言からである。

平和をもっとも確実に維持するためには、戦備をつよくして秩序を守り、侵略者にはけっして譲らぬ明瞭な政策を示すことが必要条件である……。

（I－71、岩・上・一二〇）

敵対するアテネについては、次のように語っている。

じじつかれら［アテネ人］は外に出れば何かが手に入ると考え、諸君は出れば手の中のものを失う、と恐れるからだ。そして敵に勝つときはどこまでも追撃をゆるめず、敗れるときは一歩退くことをも惜しむのがアテーナイ人だ。

（I－70、岩・上・一一九）

それに対して、アテネの代表の発言は次のようなものである。

正義を説くのもよかろう、だが力によって獲得できる獲物が現れたとき、正邪の分別にかかずらわって侵略を控える人間などあろうはずがない。

（Ⅰ-76、岩・上・一二六）

もし諸君がかれらの要求に譲歩すれば、恐怖心から些細なことにも妥協した、と思われて、ただちにまたこれに上廻る要求をつきつけられるにちがいない。

（Ⅰ-140、岩・上・一八五）

なんとも、すさまじい言葉であり、力の論理があけすけに語られている。これでは、確かにこの世から紛争や戦争がなくならないのも無理からぬことだということになるかもしれない。しかもこのような発言は『戦史』全体にわたって見出せるものである。トゥーキュディデースは、この弱肉強食の現実、この世の酷薄さの現実を正面から受け止め、これにごまかしのヴェールをかけることなどしていない。そのことは、彼の人間界のできごと一般を見る見方を貫いていたとも言えるのである。この問題をもっと深めて見る必要があるので、そのためにも、彼による開戦二年目にアテネを襲った疫病の描写を見ることにしよう。

四　アテネの疫病

疫病

このペロポネソス戦争を戦うに当たって、アテネの取った戦略は、自らの優秀な海軍力を生かすために、陸上での大決戦を避け、海戦を通じて地中海中に自らの勢力を延ばしてゆくというものであった。そこで、市民を城壁のなかに移住させ、アテネの町と同様これも城壁によって守られ、アテネと回廊によって結ばれたピレウスの港から船隊を送り出すという戦略に出た。それは、初めのうち大きな成功を収めた。しかし、おそらくそのためにであろう。開戦二年目に、人口が過密化した城壁内部で呼吸器系と思われる伝染病がはやり、多くの住民が死ぬという状態になった。その模様をトゥーキュディデースは克明に記述している。

まず、彼は、この疫病の発生源や病状についての、例によっての周到な記述を行う。その後に、次のように記している。

……しかしこの疫病から生じ得る最も恐るべき現象は、罹病《りびょう》したとわかった人がたちまち絶望につき落とされたことであり（人はすぐに絶望し、体力よりも気力の衰弱のためやすやすと諦めて、もはや抵抗しようとさえしなくなった）、また、患者から看病人へと病が燃えうつり、家畜の倒れるように人々が死んでいったことである。この病が激甚な破壊力をふるった原因はここに認められる。なぜならば、感染を恐れて互いに近づこうとしなければ、誰も看病しようとするものもなく、病人のでた多くの家々は空家同然となり患者は独り残されて死ぬほかなかったし、又その反対に患者に近づけば、たちまち感染した。ことに多少なりと人道に思いをいたす人々は感染の危険をまぬかれえなかった。かれらは、死者の家族たちでさえ打続く災害に打ちのめされて追悼の嘆きさえも怠りがちであるのを見ると、つとめを怠るのを恥じる気持から、身の危険もなげうって友人の家を訪れるのであった。しかしながらそれにもまして、疫病から生命をとりもどしたものたちは、死者や病人にたいして深い憐れみを禁じえなかった。かれらはその苦しみが如何ばかりのものかを既に体験していると同時に、今は自分たちは安心できる状態に復していたからである。一度罹病すれば、再感染しても致命的な病状に陥ることはなかったのである。恢復した者は、人々からその幸福を羨望視され、本人は当座の喜悦に眩惑されて、もう如何なる病気で死ぬことも絶対になかろうなどと、浅はかな希望を抱くものすらあった。

（II－51、岩・上・二三八－九）

この文章は一体何であろうか。古代の伝染病の記述として興味深いものと一応言えようが、何かそれとは異なった次元のものも感じさせられる文章である。それだけ、ここには恐るべき人間心理の描写がされているということである。伝染病の流行の惨状のなかで、人々の心がパニックに陥り、荒廃していく様が描かれているが、しかし、そこにも「人道に思いをいたす」人々がいることが指摘されている。この「人道に思いをいたす」という言葉はギリシア語ではアレテー arete といい、「徳」とも訳される言葉である。この「徳」を重んじる人々は「つとめを怠るのを恥じる気持ちから」家族によってすら見捨てられてしまった友人を訪ねる。だから、そうでない人よりも一層感染の危険が増すというのである。しかし、この現実に対して、トゥーキュディデースは、ことさらにその「人道に思いをいたす人々」を賛美しているというのでもなく、また、その人々の不幸を大袈裟に嘆いて見せているというのでもない。逆に人道に思いをいたさない人を非難しているというわけでもないようである。

ただ人の世はかくの如くあり、人はかくの如く行為するものだということ、それ以上でもなくそれ以下でもないということが正確無比に記述されているだけである。そうであればこそ、病気にかかった人に最も深い同情を寄せる者がこの病気から回復した者である、というのも、その苦しみを自分で知っているだけではなく、もう自分が危険な状態を脱していると知っているからだというような人間の心に対する恐ろしい洞察も行い得ることになるのであろう。私たちは、完全に中立な立場で人に同情するということなどできないと言われているようではないか。さらに、この病気から回復した人のなかには、もう病気で死ぬことなどあるまいと思いこんでいた人がいたという記述に関しては何と言うべきであろう。グロテスクにまで正確な文章とでも言うしかない。トゥーキュディデースが「人間性のみちびくところふたたびかつての如き」と語る際の人間性の把握というのはこのようなものであったのである。この、人間の首根っこを捕まえてしまったような文章は、二千年の時を経ても古びようがないと言わざるを得ない。
さらにこの文章に引き続いて、この疫病がいかに人々の心を荒れすさんだものにしていったかが記されている。病気に対する恐れが、人々に普段なら恥じて行わないような行為を平気でさせるようになったというのである。

そして宗教的な畏怖も、社会的な掟も、人間にたいする拘束力をすっかり失ってしまった。神を敬うものも、そうでないものも、みな同じ悲惨な死をとげていく、法律を犯しても裁かれて刑をうけるまで生命があろうとも思われぬ、いずれにせよすでに死の判決をうけ処刑を今か今かと待つばかりの自分らなのだ、首がとぶまえにできるだけ人生を楽しんで何がわるかろう、という思いが誰の胸にもあったためである。
（Ⅱ－53、岩・上・二四一）

自らを悪と心得ている悪

また、この場面を過ぎてしばらくすると、戦争が長引くにつれて、人心の荒廃がギリシア全体に及んでいった様子が描写される。人々が、戦争のなかで自分の安全しか考えなくなったこと、ただ「弱肉強食」のみがすべてだと思いこむようになったことが語られた後、次のように結論づけられる。

そして殆んど一般の場合、善行をなして馬鹿と呼ばれるよりも、悪行をなして悧口とよばれやすい世情となり、人々は善人たることを恥じ、悪人たることを自慢した。

（Ⅲ-82、岩・中・一〇二）

ここに、トゥーキュディデースの、この世の悪徳に対する、また人間性の弱点に対する冷厳な眼差しの極点とも呼ぶべきものを見ることが可能であろう。しかし、ここまで見極めた時には、それから転換する道もまた開けるということもあるのではなかろうか。十九世紀フランスの詩人シャルル・ボードレールは、ある所でこう語っている。

自らを悪と心得ている悪は、自らを悪と知らぬ悪ほど怖ろしいものではなかった

し、はるかに回癒しやすいものであった。サドに劣るジョルジョ・サンド。[註3]

（『危険な関係』についてのノート）

フェミニストの先駆者であり人道主義者としても知られる女流作家サンドよりも、『悪徳の栄』のサドを上にもってくるなどというのは、いかにもボードレールらしい逆説であるが、言わんとすることはわかる言葉であろう。この世の悪への透徹した洞察が示されているということは、その反対の極にそれとは異なった道徳的価値、信義、寛容、平等、弱者への配慮といったものが持つ価値についての観念が存在することへの洞察がなされていることも意味する。しかし、トゥーキュディデースはそれを前面に出すことはしない。正義について主張する言葉でも、また冷酷な力の論理を振りかざす言葉でも、価値評価を鮮明にした言葉は、むしろ事件当事者の口に託されていて、トゥーキュディデース本人はその背後に退いて記述するという形が取られているのである。それ故にこそ、かえって、倫理的規範意識というものが、現実との関わりのなかで精妙な扱いを受けているとも言えそうであるが。では、このような複雑な眼差しをトゥーキュディデースはいかにして獲得し得たのか。次章において、その謎に迫ってみよう。

註

1　トゥーキュディデース（久保正彰訳）『戦史』（岩波文庫）。引用文末の（　）の中の番号は、「I－21」が原書の番号、「岩・上・七三」は岩波文庫『戦史』上巻の七三頁を意味する。

2　演説および会談の内容がこのようにトゥーキュディデースによって再構成されたものである以上、以下に登場するペリクレスの追悼演説や、メロス島とアテネとの会談のように、『戦史』中の最重要部分をなしているものも、どこまで発言者のものであり、どこからトゥーキュディデースの創作であるかという重大問題は存在する。しかし、それでも、これが紀元前五世紀最盛期のギリシア文化の精髄を体現する証言であることは、いささかも揺らぐものではないであろう。

3　菅野昭正訳『ボードレール全集Ⅲ』（白水社）、二七一頁。

◉第三章

アテネ民主主義の運命

トゥーキュディデースとペロポネソス戦争（下）

一　ペリクレスの追悼演説

ペロポネソス戦争の大義

トゥーキュディデースにおける歴史記述の客観性と彼の倫理観との関係に関する考察は、ペロポネソス戦争におけるアテネの大義をどう捉えるかの問題に導かれていかざるを得ない。すでに見たことであるが、開戦の際の外交交渉の席で、アテネの代表は人間の世界が弱肉強食の世界であるということを説きながらも、なお、自分たちのポリスには、自分たちが持つ権力を抑制して、「道徳性」によって他を支配できる徳が備わっているとも主張していた。

もとより、これは、自分たちの利権を擁護するための自己弁護と受け取られるような言葉ではある。アテネは、一方では民主主義の文化を花咲かせながら、他方では他のポリスに対して帝国主義的支配を行っていたのである。しかし、このアテネの言い分には、開戦時のアテネの指導者ペリクレス（図3－1）の考え方が色濃く反映していた。ペリクレスこそ、アテネの民主主義文化を頂点に導いた人物であったが、ペロポネソス戦争勃発に大きな影響を与えた人物でもあった。そこで問題が生じる。このペリクレスは、ただ己のポリスなり自己のグループなりの権益を追究することにのみ関心を持つ狭量で強欲な政治家だったのか、それともそれを超える徳をもった英雄だったのか。それが難問であったがためか、トゥーキュディデースのペリクレスに対する扱いは慎重を究めたものとなっているが、その頂点をなす場面がある。それが、この大戦の初年度にアテネで行われたアテネ軍の戦没者追悼の儀式の場でのペリクレスの演説である。

アテネの民主主義

ペリクレスの演説は、アテネの今日の隆盛を築いた祖先の功績を賞賛することから始まる。それに継いで、このアテネというポリスの政治体制が何であるについて語られるのである。

われらの政体は他国の制度を追従するものではない。ひとの理想を追うのではなく、ひとをしてわが範を習わしめるものである。その名は、少数者の独占を排し多数者の公平を守ることを旨として、民主政治と呼ばれる。わが国においては、個人間に紛争が生ずれば、法律の定めによってすべての人に平等な発言が認められる。だが一個人が才能の秀でていることが世にわかれば、無差別なる平等の理を排し世人の認めるその人の能力に応じて、公の高い地位を授けられる。またたとえ貧窮に身を起そうとも、ポリスに益をなす力をもつ人ならば、貧しさゆえに道をとざされることはない。われらはあくまでも自由に公けにつくす道をもち、また日々互いに猜疑の目を恐れることなく自由な生活を享受している。よし隣人が己れの楽しみを求めても、これを怒った

図3-1　ペリクレス

り、あるいは実害なしとはいえ不快を催すような冷視を浴びせることはない。私の生活においてわれらは互いに制肘を加えることはしない、だが事公けに関するときは、法を犯す振舞いを深く恥じおそれる。時の政治をあずかる者に従い、法を敬い、とくに、侵された者を救う掟と、万人に廉恥の心を呼びさます不文の掟とを、厚く尊ぶことを忘れない。

（Ⅱ-37、岩・上・二二六）

ここに、民主主義と訳されているのは、デモクラティア、すなわちデモス（大衆）の政治という意味の言葉である。もちろんデモクラシーdemocrasyの語源である。そのデモクラシーというものの基本原則の表現をここに見ることができる。個人はすべて法の前では平等であること、公平の原則が社会の根本原則であること、しかし、個人の能力次第で、国家における重要な地位につくことができることが明言されている。また、公共の場で法を守ることが要求される一方で、プライベートな生活においては他人に干渉されることがなく自由に振る舞うことができるとも明言されている。その際、ただ制定された法律を守るというだけではなく、「不文の掟」、すなわち法律として書かれているわけではないが、私たちの恥を思う気持ちによって守られているような法にも従うと語られているのが注目される。個人の内面がそれだけ尊重されているのである。

この言葉に続いて、ペリクレスは、このアテネのポリスがいかに強大であり、美に満ちあふれ、国民に楽しみをもたらすものであるかを語り、さらに、戦いの訓練について語る。そこで、アテネが外部に対して開かれたポリスであること、したがって学問であれ、見物《みもの》であれ、知識であれ他国の人に知られるのを拒まないポリスであることが強調されている。自分たちは「敵に見られては損をする、という考を持っていない」（II-38、岩・上・二二七）。それというのも自分たちが力と頼むのは戦いの策略などではなく、ことをなさんとする「敢然たる意欲」（*ibid.* 同）にほかならないからだというのである。さらに、子供の教育について、スパルタ側が幼い頃から子供に対し厳格な訓練、まさにスパルタ式訓練がほどこされるのに対して、自分たちは、「自由の気風に育ちながら」（*ibid.* 同）彼らに劣ることがないと主張される。そして、さらに演説は高揚し、次のように語られるのである。

われらは質朴なる美を愛し、柔弱に堕することなき知を愛する。われらは富を行動の礎とするが、いたずらに富を誇らない。また身の貧しさを認めることを恥とはしないが、貧困を克服する努力を怠るのを深く恥じる。そして、己れの家計同様に国の計にもよく心を用い、己れの生業に熟達をはげむかたわら、国政の進むべき道に充分な判断をもつように心得る。ただわれらのみは、公私両域の活動に関与せぬものを閑を楽しむ人とは言わず、ただ無益な人間と見做す。そしてわれら市民自身、決議を求められれば判断を下しうることはもちろん、提議された問題を正しく理解することができる。理をわけた議論を行動の妨げとは考えず、行動にうつる前にことをわけて理解していないときこそかえって失敗を招く、と考えているからだ。この点についてもわれらの態度は他者の慣習から隔絶している。われらは打たんとする手を理詰めに考え抜いて行動に移るとき、もっとも果敢に行動できる。しかるにわれら以外の人間は無知なるときに勇を鼓するが、理詰めにあうと勇気をうしなう。だが一命を賭した真の勇者とは他ならず、真の恐れを知り真の喜びを知るゆえに、その理を立てて如何なる危険をもかえりみない者の称えとすべきではないだろうか。またわれらは、徳の心得においても、一般とは異なる考えをもつ。われらのいう徳とは人から受けるものではなく、人に施すものであり、これによって友を得る。また施すものは、うけた感謝を保ちたい情にむすばれ、相手への親切を欠かすまいとするために、友誼は一そう固くなる。これに反して他人に仰いだ恩を返す者は、積極性を欠く。相手を喜ばせるためではなく、義理の負目をはらうに過ぎない、と知っているからだ。こうしてただわれらのみが、利害得失の勘定にとらわれず、むしろ自由人たるの信念をもって結果を恐れずに人を助ける。

（Ⅱ-40、岩・上・二二八-九）

さらに続けて、ペリクレスは、アテネが戦争を遂行する大義について語る。

まとめて言えば、われらのポリス全体はギリシャが追うべき理想の顕現であり、われら一人一人の市民は、人生の広い諸活動に通暁し、自由人の品位を持し、己れの知性の円熟を期することができると思う。そしてこれがたんなるこの場の高言ではなく、事実をふまえた真実である証拠は、かくの如き人間の力によってわれらが築いたポリスの力が遺憾なく示している。なぜならば、列強の中でただわれらのポリスのみが試練に直面して名声を凌ぐ成果をかちえ、ただわれらのポリスに対してのみは敗退した敵すらも畏怖をつよくして恨みをのこさず、従う属国も盟主の徳をみとめて非難をならさない。かくも偉大な証績をもってわが国力を衆目に明らかにしたわれらは、今日の世界のみならず、遠き末世にいたるまで世人の賞嘆のまととなるだろう。われらを称えるホメーロスは現れずともよい。言葉の綾で耳を奪うが、真実の光のもとに虚像を暴露するが如き詩人の助けを求めずともよい。われらは己れの果敢さによって、すべての海、すべての陸に道をうちひらき、地上のすみずみにいたるまで悲しみと喜びを永久にとどめる記念の塚を残している。そしてかくのごときわがポリスのために、その力が奪われてはならぬと、いま此処に眠りについた市民らは雄々しくもかれらの義務を戦いの場で果たし、生涯を閉じた。あとに残されたものもみな、この国のため苦難をもすすんで堪えることこそ至当であろう。

（II－41、岩・上・二二九－三〇）

この世で美徳とされるもの、倫理的徳目とされるものにはさまざまのものがあろう。強大な権力を良しとする価値観もあれば、秩序の安定を尊ぶ価値観もある。巨大な富を良しとする価値観もあれば、逆に経済的平等を良しとする価値観もあろう。なによりも平和を尊ぶという価値観もあろうし、また、この世の雑事から逃避するなり、一切の煩悩からの離脱を良しとする価値観もあろう。それに対して、このペリクレスの演説において最も高く掲げられているものは、何よりも生身の人間の自由というものなのである。「自由人の品位」(II-41、岩・上・二二九-二三〇)こそが、いかなるものよりも大切な徳目とされている。そうであればこそ、この人間は、「喜び」をとどめる塚も築けば、「悲しみ」をとどめる塚も築かざるを得ないことにもなる。しかし、それも「自由人たるの信念」によるものなのである。同じこのペリクレスの演説について、後代になって、プラトンも『メネクセノス』という対話篇で取りあげているが、それは、民主主義のなかでの自由の賛美という側面が抜け落ちてしまって、国家への奉仕の必要性だけが説かれるものに変わってしまっている。それでは、ペリクレスの演説の肝腎の部分が消えて、力無いものに終わってしまうのも当然であろう。

とは言え、アテネの体現する自由と言っても、古代のデモクラシーというものがそもそも奴隷制度の上に成り立っていたことを指摘することはできるであろうし、また、アテネがその傘下においた諸ポリスに対して行っていた帝国主義的支配についてあげつらうこともできるであろう。当時のアテネにおいてさえ、ペリクレスの政敵はたくさんいた。しかし、ここに、古代だけではなく、市民革命を経て確立した近代民主主義体制のもとであっても、民主主義体制のもとでの自由というものが何であるかについて語る場合の、最初の、しかも最大級の力強さを備えた表現が見られることには誰も異論を唱え得ないであろう。

対句的語法

ところで、トゥーキュディデースの文章は、非常に凝った文体を駆使したものとして知られているが、このペリクレスの演説などまさにその好例である。たとえば、アテネの体現する徳やその自由な精神を讃える言葉づかいを見ても、それが精妙な対句的語法から構成されていることがわかる。「美」を愛するが、それは「質朴」であることへの愛と両立しているとか、「知」を愛するが、「柔弱」に堕することがないとか、自らの「家計」にも「国家の計」にも心を尽くすとか、「悲しみ」と「喜び」の塚を築くといった言い回しにそれが示されている。

さらに、ここでも、ロゴス（言葉）と、エルゴン（行動、事実）の両者が対になって登場してきていることが注目される。それは、始めは、「富を誇る」こと、すなわち「誇る」という言葉の側面、すなわちロゴスの側面が排除され、富を「行動」すなわちエルゴンの基礎とするという側面が称えられるという対立関係の形で出てくる。しかし、さらに進むと、「理を分けての議論」すなわちロゴスが、「行動」すなわちエルゴンの妨げとならないというように、ロゴスとエルゴンは緊張関係を維持しながら共存するものと捉えられているのである。この対立関係をふまえながら均衡を保つということこそ、ペリクレスの演説の鍵となるものであるはずである。そうであればこそ、真の勇者に関して、「真の恐れを知り真の喜びを知る」ゆえに、「如何なる危険をもかえりみないもの」と定義されることにもなる。

しかも、さらに興味深いことは、この対立をふまえた上での均衡というものが、トゥーキュディデースの歴史の現実を見る眼差しというものの特徴となっていることである。

理想と現実

このペリクレスの演説は、明らかに理想というものを掲げたものである。それは、徳というものを、何かを自分で得ることではなく他人に施すことに認めるという主張一つ取っても明らかである。しかし、すでに見たように、『戦史』にはこの世界が弱肉強食の世界であるといった言葉があふれてもいることも事実である。そのことは、他の場所におけるペリクレス自身の演説にもうかがえないことではない。そうであればこそ、その相対立する両極の対立関係の把握、これこそが、トゥーキュディデースの苦心した所であったはずである。その苦心は、まずは、このペリクレスの演説が『戦史』のなかのどの位置に置かれているかということに端的に示されている。

『プルターク英雄伝』で古くから日本でも有名なプルタルコスは、ペリクレスについて記した箇所で、この演説を終えたペリクレスに対してアテネの娘たちが花の冠を捧げたと書いている。確かに、誰でも花の冠ぐらいは捧げたくなるであろう。しかし、トゥーキュディデースはこのペリクレスの演説を記述したあとに一言の註釈もつけていない。ただ、「同冬の葬儀はかくのごとくとりおこなわれた。そしてこの冬が終ると、今次大戦の第一年が終った」(Ⅱ－47、岩・上・二三四)と書かれてあるだけなのである。そして、その直後に、あのアテネを襲った伝染病についての記述が始まる。病気そのものが不幸であっただけではなく、それはアテネ人の心を荒廃させ、さらに加えていくつかの戦いでアテネは手痛い敗北を喫する。そこでペリクレスは非難の的となり、国会で弾劾され、苦しい弁明を迫られた上、罰金刑を言い渡され、失脚してしまう。

あの高揚した追悼演説と疫病の記述の間に横たわる歴史家の全くの沈黙。この沈黙こそ、真の雄弁と言えよう。一言で言えば、ここに崇高な理想も現実の過酷な試練を蒙らざるを得ないというこの世の宿命が示されているということになるが、トゥーキュディデースの沈黙によって、そのことはいよいよ深みを増してくるようである。後になって、哲学者のアリストテレスは、『詩学』のギリシア悲劇を論ずる箇所で、歴史家はすでに起こってしまった事実を語るだけなのに対して、詩人は起こる可能性のある事実について語る、だから、詩人の語る詩の方が哲学的だと述べている。しかし、トゥーキュディデースの記述、とりわけ今問題にしている沈黙について見る時、私たちは、歴史家も、また、史実に対して何らかの脚色を行い、それによってかえって現実のより深い真理を示そうとしているのだと思わざるを得なくなってくる。この、歴史家トゥーキュディデースの不思議な沈黙というものは、『戦史』の後半になってまた再び登場してくるのであるが、そこに進む前に、『戦史』全体の構成を見ておこう。

『戦史』の構成

トゥーキュディデース自身の語っている所では、紀元前四三一年、この戦争が始まると、彼は、すぐにこれが未曾有の大戦争となることを予感して、記録を取り始めたという。彼自身のアテネからの追放という事態は、ますます彼を戦争の記述へと没入させていったことであろう。しかしまた、ここで注目しなければならないことは、トゥーキュディデース自身がこの戦争がアテネの敗北に終わるまで生きていたことは記述の内容から明らかなのに、彼の記述の方は途中で終わっているということである。すなわち、紀元前四〇四年にアテネがその全船隊を失い、スパルタ側に全面降伏する時までは書かれておらず、開戦から二十一年目あたりの出来事の未完であることが明らかな記述で終わっているということである。それが、八巻に分かれた『戦史』の最後の巻となっている。

なぜそうなったのかは諸説ある。しかし、差し当たり重要なことは、この『戦史』が途中で終わっている未完成のものだから価値が低いものかというと、とてもそうは言えないことである。もとより、全部書かれていれば、この戦争についての詳細、特にアテネの降伏に至る過程がさらにわかって便利だったということはあるだろう。それが、この著作を純然たる歴史書として扱う場合の評価というものであろう。しかし、そうではなく、この著作を、言わば「哲学的」観点から見るという態度もあるのではなかろうか。そうなると、そうとも言えなくなるのである。以下、そのことを念頭において、話を進めよう。

二　メロス島事件とシシリー遠征

ニキアースの平和

アテネに伝染病がはやり、ペリクレスが失脚し、やがて死ぬといったことがあった後も戦争は続いた。伝染病もおさまり、アテネも戦えるようになったのである。その段階で、アテネにはクレオンという好戦的な扇動的政治家が現れ、戦争は泥沼化していったが、そのクレオンが戦死したのをきっかけに、スパルタとの和平の機運が高まり、和平条約が結ばれた。紀元前四二一年のことである。その時、イニシアチブを取ったのが、アテネの和平派で老練な将軍であったニキアースであったので、この平和の時期を「ニキアースの平和」と呼んでいる。しかし、それは、六年続いた後、破られるのであるが、その前後の事情が、『戦史』の後半部分の主要な内容をなしている。

六年の間平和が続いたといっても、アテネ側もスパルタ側も、勢力を温存させたままの状態だったので、完全な平和が実現していたのではなかった。和平条約を守るふりをしながら、裏では自分たちの力の拡大を図っていたという、冷戦の状態だったのである。そして、この冷戦状態の終わりの頃、紀元前四一六年に起こった事件についてトゥーキュディデースは記述している。それが、メロス島のポリスをめぐる事件である。

メロス島にはもともとはスパルタから移住した住民が住んでいたが、かれらはペロポネソス戦争に際しては中立を保っていた。しかし、アテネはそれに満足せず、軍隊を差し向け、自分たちの属国となることを強要してきたのである。その時の外交交渉の模様をトゥーキュディデースは克明に記述している。それは、アテネ側がメロス側からの訴えを一蹴するというものとなっている。

まず、メロス側が中立を守っている自分たちの正義を説くことに反論するアテネ側の発言のなかから拾ってみよう。

この世で通ずる理屈によれば正義か否かは彼我の勢力伯仲のとき定めがつくも

の。強者と弱者の間では、強きがいかに大をなし得、弱きがいかに小なる譲歩をもって脱し得るか、その可能性しか問題となり得ないのだ。

（V–89、岩・中・三五三–四）

諸君から憎悪を買っても、われらはさしたる痛痒を感じないが、逆に諸君からの好意がわれらの弱体を意味すると属領諸国に思われてはそれこそ迷惑、憎悪されてこそ、強力な支配者としての示しがつく。

（V–95、岩・中・三五五）

正義か否かが問われるのは勢力伯仲の者同士の間でのことであるとか、他人からの憎悪こそ支配者にとっての益となるとか、ペリクレスの演説で見たものとは全く異なった内容の言葉が連ねられている。確かにペリクレスの理想といっても、これも力の論理をふまえてのものであったことは否定できない。彼もまた力の政策を推進した側面はある。しかし、この交渉でのアテネ側代表の発言からは理想と呼べるものは全く消し飛んでしまっているのである。それに対して自分たちに理があるのだから、戦争になっても自分たちにも希望があるというメロス側の言い分に対しては、次のように言い放つのである。

希望とは死地の慰め、それも余力を残しながら希望にすがる者ならば、損をしても破滅にまで落ちることはない。（V–103、岩・中・三五七）

つまり神も人間も強きが弱きを従えるものだ、とわれらは考えている。（V–105、岩・中・三五八）

往々にして人間は、行きつく先がよく見えておりながら、廉恥とやらいう耳ざわりのよい言葉の暗示にかかり、ただ言葉だけの罠にかかってみすみす足をとられ、自分から好んで、癒しようもない惨禍に身を投ずる。（V–111、岩・中・三六一）

もはや、ここには弱者を弄ぶ強者の冷笑しかない。これで交渉は決裂してしまい、戦争となる。メロス側は善戦するが、巨大な兵力を持つアテネの敵ではなく、降伏に追い込まれる。そこで、アテネは、戦闘に参加したメロス島の成人男子すべてを死刑に処し、女と子供を奴隷とし、メロス島を自らの植民地としたのである。

この事件は、凄惨な戦争が行われた古代世界でも衝撃的なことと受け止められたようである。少なくとも、激しい衝撃を受けた何人かの人々がアテネにいたことは確かなのである。同時代のギリシア悲劇の作家であるエウリピデスも、そのような人物の一人であったはずである。この事件の直後の紀元前四一五年に書かれた『トロイアの女』という作品において、彼は、トロイアを残酷に滅ぼしたギリシア人をトロイアの遺された女たちに非難させる作品を書いているが、そのような形で、アテネのやったことを弾劾していると解釈できる。トゥーキュディデースも、また、衝撃を与えられたに違いないのである。戦略的にはさほど重要とも思われないこの事件に異例な程のページを使っていることや、外交交渉が克明に記述されていることにそれが示されていると言えよう。しかも、ここでもトゥーキュディデース自身はこの事件について、自分の意見は一言も述べていない。沈黙を守ったまま、すぐに章を改めて、次の大事件についての記述に移る。それがアテネによるシシリー島への遠征である。

シシリー遠征

六年間の和平の終わり頃になると、アテネにおいて、スパルタとの膠着状態を打開すべく何か大きな冒険を行おうという意見が強くなってきた。その代表者がアルキビアデスである。アルキビアデスは、アテネの名門の出身であり、ソクラテスの対話篇にも登場するような有名人であり、オリンピックに高価な競走馬を出場させたりする派手な生活ぶりでも知られていた人物であるが、雄弁家であり、まだ若く野心的な政治家でもあった。そのアルキビアデスを始めとした主戦派の人々が主張したのがシシリー島に遠征し、これをアテネのものとしようとする計画であった。当時この島はシケリアと呼ばれ、ギリシア本土から見れば遠く隔たった地にあり、ペロポネソス戦争にも関与していなかったが、島全体は大きく、豊かな地域でもあったので、ここを奪い取れば、莫大な利益が得られるばかりか、スパルタに対しても圧倒的に有利な立場に立てると考えられたのであった。

しかし、それに反対する者もいた。和平派の将軍であったニキアースである。ニキアースは、アテネ市民のほとんどがろくに知りもしないシシリー島に遠征軍を繰り出すことの危険さと無益さとを説いた。しかしながら、アテネの国会では、遠征が決定されてしまう。楽観的な気分が完全に人々の心を捉えてしまったのである。そして、遠征軍の司令官としては、アルキビアデスと、彼と同じく主戦派のもう一人の将軍と並んで、なんとニキアースも選ばれてしまう。若い野心家ばかりが指揮官では危険であるというアテネ市民のバランス感覚が働いたのと、ニキアースの老練さとともに、彼に勝ち運がついていたという理由からであった。そして、未曾有の大軍がシシリー島に送られる。戦闘が始まると、始めは、その兵力のためにアテネにも多少の戦果があったが、アテネにとって不案内の場所であることや指揮官同士の対立、さらに、シシリー島に対するスパルタ側からの援軍が大船隊を仕立ててやってくるといったことが重なり、ついにアテネ軍は苦境に陥る。そして、海戦でも敗れてしまい、遠征軍はすべての船を失い、残された全兵力はシシリー島の内陸に追い込まれ、ついに、アテネ側将兵は戦死するか捕虜になるかということになってしまう。トゥーキュディデースはその数を四万人と報告している。さらに、捕虜には石切場での過酷な労働という扱いが待っており、大半はそこで命を落としてしまった。司令官のニキアースも捕虜となり、処刑されてしまう。アルキビアデスの方は、遠征の始めの頃、アテネでの自分の政敵の策謀を察知して、さっさとスパルタに逃亡してしまっていた。

この、アテネによるシシリー遠征の箇所は、『戦史』の第七巻に置かれているのであるが、全体のなかでも取り分け入念に記述された箇所である。まず、始めにシシリー島の歴史が辿られ、地理学的な考察が行われる。そして、アテネ、シシリー、スパルタ側の兵力、経済力、軍事技術の細密な分析、比較が行われている。その上で、アテネの国会で遠征が決定され、遠征軍が出発し、シシリー島でついに全滅するまでが、ゆるぎのない描写で辿られていく。事件は、あくまでも客観的に描写されているが、時に、登場する人物たちの感情描写も差し挟まれないわけではない。彼らの、希望、不安、逡巡、喜び、悲しみが磨き抜かれた文章によって描かれているのである。それは、正確で、一点の感傷も混じえない冷静なものであるが、それだけに、追いつめられていくニキアースやアテネ軍の将兵の心が手に取るように伝わってくるものとなっている。

遠征を決定した市民についての記述から見てみよう。次のように書かれている。

そして遠征を望む強烈な執着が、ひとしくすべての者たちを囚にしてしまった。老年層の市民らは、遠征軍はきっとその目的地を征服するだろう。そこまで行かぬにしてもこの大軍勢が敗北を喫することはありえない、と信じきっており、また壮年層の者たちは、遠国の景色や名勝に憧れを抱き、かつまた無事に生還できることを十分に信じていたからでもあった。
（Ⅵ−24、岩・下・四九）

しかし、未曽有の大軍団をペイライエウス港から送り出す瞬間になって、にわかに不安な気持ちがアテネ市民を捉える。

市民らはみなこの瞬間、今まさに遠征軍が生命を賭して祖国をあとにする時になって、遠征の決議をなした時には感じなかった程に痛切な、危惧と恐怖の念に刺し貫かれたのであった。さりながら、眼前の大軍勢の威容、各種兵力の膨大な数量を眼のあたりにした市民らは、その光景に勇気と自信をとりもどすことができた。
（Ⅵ−31、岩・下・五三）

何ともしなやかな集団心理の描写である。
さらに、シシリー島シラクサイ近郊で苦境に陥ったアテネ船体の最後の戦いを前にしてのニキアースの姿は、次のように描かれている。

他方ニーキアースは、事態の窮迫に内心の動揺ただならず、目をおおわんばかりの危険が今や間近かまで迫っているのを見て、はや軍勢が波間に乗りだすばかりの瀬戸際になっていたにもかかわらず、かれは、巨大な試練に直面した人間の陥る例にもれず、味方がなすべき戦いの準備はまだ整っていない、口で伝えるべきこともなお尽くされていない、と思いこみ、またもや三重櫓船長のだれかれを一人ずつ岸に呼び戻し、その名を呼び、その部族名を呼び、多少なりと功績があったものにはその名を汚さぬよう、父祖の功名しるきものには父たちの勇徳をかげらさぬよう、と各人にふさわしい励ましを与え、さらにまた、世に高く自由の名をうたわれた祖国を想起させ、そこではすべての市民にいかに自由な生活がゆるされているかを語り、まだその他にも、このような危機に追いつめられた人間が、古くさい繰り言を笑われはせぬかと恐れる顧慮をも捨てて口にする言葉や、とりわけこのような場合誰でもが引き合いにだす、妻女子供たち古来の守護神らなど、ただ目前の事態に対するとりとめもない惑乱から、藁をもつかむ思いでその名にうったえる諸々のものにまで、言いおよんだのである。（Ⅶ-69、岩・下・二二七-八）

そして、全船隊を失って、シシリー島の内陸へと敗走するアテネ軍については、次のように記述されている。

退陣せんとする者たちは多数の船をことごとく失い、大いなる抱負は失せて自分らはもとより祖国をも危機に陥れただけではなく、後にする宿営地には各人の眼を刺し心を貫く痛ましい光景が横たわっていた。戦死者の遺体は土をかけられることもなく横たわり、人は己の縁者友人が倒れ伏しているのを見るたびに、恐れと痛恨の交叉した気持ちに突きおとされた。さらに負傷や病弱のため、生きながらに遺棄されている戦友たちの姿は、生きている者らにとって、累累たる死体よりもはるかに堪えがたい苦痛をあたえ、五感を失った死者よりもはるかにみじめな訴えを去る者らにむかって放った。かれらは嘆願し、涙ながらの訴えをつくして人々を絶望に追いやった。仲間や縁者の姿を見つけるたびに、どうか自分たちを連れて行ってくれと、一人一人にむかって声を放って助けを求めるもの、同じ宿舎にいた戦友がやがて立ち去ろうとすると、その肩に縋りついて、力の続く限りはその後に従うもの、だがその気力もたちまち尽きはてて、最後の息で神を呼び悲嘆を放って落伍していくもの、そのために全軍の将士は涙にみたされ、如何ともすべき力を失って、今は敵地から脱出すべきことも、涙で暗いきれぬほどの大損害をすでに蒙っており、またこの先定かならぬ道中で蒙るかもしれぬと恐れていることも、みな忘れて出発は遅々として捗らなかったのである。そして遂に果てしない幻滅と自責の念がかれらを押しつつんだ。（Ⅶ-75、岩・下・二二六-七）

何という文章であろうか。何という洞察、何という正確さであろうか。このトゥーキュディデースによって記述された出来事のゆるぎない歩みを貫く時間のうちに、人々の希望、不安、躊躇い、喜び、悲しみ、絶望の総量が塗り込められている。この明晰で彫琢された文章をもって示された事実の連なりは、いかなる叙事詩人、悲劇作家、哲学者の筆になる記念碑的作品にも増して悲痛かつ深刻である。そして、この出来事の容赦ない歩みのうちにアテネが、またニキアースが翻弄されていく。

アテネは、ペリクレスによって、その自由、理知、勇気、寛容の徳を讃えられながら、またなかばはその長所ゆえに、メロス事件により自らの体現すべき理想を裏切り、シシリー島で惨敗を喫する。海を制することでその英光を克ち得ながら、その誇りとする船隊を失い、陸の戦いで壊滅の憂目を見る。

ニキアースは、シシリー遠征の無謀さを正しく洞察し、かつアテネ民議会で中止を説きながら、遠征軍司令官に選出され、自分の優柔不断な指揮により時を失い、シラクサの地で敗軍の将として処刑される。トゥーキュディデースは、ニキアースの死を次のように簡潔に要約する。

かれの常日頃の言行が一つとして高き徳にそむくことのなかったことを思えば、私の世代のギリシア人がどうあったにせよ、ただ彼のみは、このような不運の極みに終るべきいわれはなかったのであるが。（Ⅶ-86、岩・下・二四二）

しかし、ここには微塵の感傷もない。ヘロドトスの語るテルモピュライにおけるレオニダースの死は、ヘロドトスの、また全ギリシアの思い入れによって英雄伝説に仕上げられている。しかし、シシリーにおけるニキアースの死には、そのような悲劇のカタルシスは禁じられているかのようだ。第七巻四章で、戦況の悪化に伴い、撤退を勧告する他の指揮官に向かってニキアースは次のように語る。

されば、すくなくとも自分は、かくのごときアテナイ人の性情を知悉している人間として、選ぶべき道を知っている。汚辱にまみれた弾劾を受け、何の言い分も認められずにアテナイ人のさばきで公に葬りさられるよりも、止む得ざればこの身ひとり死地に投じようとも敵の手で倒される方を潔しとする。

（Ⅶ-48、岩・下・一九四-五）

しかし、アテネ軍壊滅の時には、旧知の敵将ギュリッポスの好意をあてにして身を委ねながら、処刑されている。もとより現実の経過もこうであったのであろうが、それにしても、この記述は、幸福な大団円を禁じられたこの歴史の悲劇に必須のものであったかのようである。

再びヒュブリスへの諫め

もとよりトゥーキュディデースは、歴史家として史実をあらん限り客観的、即物的に記述したはずである。しかし、その客観的記述の背後には、先ほども指摘したように、単なる事実の報告を越えたもの、トゥーキュディデース自身の思想というべきものが控えていることも感じないわけにはゆかない。それが、メロス島での事件の記述とシシリー遠征の記述との間に横たわる沈黙のなかに、すなわちその沈黙をはさんでこの二つの事件を並べた構成のなかに読み取られるはずである。そうであれば、この作品が未完成に終わっていることにも改めて別の見方ができそうである。

最終巻である第八巻は、シシリー遠征軍の全滅がアテネに伝えられたが、アテネの市民たちはあれほどの大軍が消えてしまうなどとはしばらくは信じられなかった、という記述から始まる。それに続いて、敵からの攻撃、同盟諸ポリスの離反、アテネの内部でのク・デ・タの繰り返しという事態が報告され、さらに、その内憂外患のうちにもアテネが立て直しの道を模索している段階の記述がされる所で終わっている。記述のスタイルは杜撰なものとなってくる。ただ、それでも、アテネに復帰したアルキビアデスの不思議な活躍ぶりなども報告され、それはそれで面白いが、それでも、もはや歴史家トゥーキュディデースの文章には真の緊張感が抜け落ちてしまっているように見える。未完成に終わってしまったのも当然だと思わせる内容なのである。そう、メロス島事件があり、それに続いてシシリー遠征の失敗があった、それでトゥーキュディデースには充分だったはずなのである。紀元前四〇四年のアテネの全面降伏は、すでにシシリー遠征軍の全滅によって予告されていたということであったのだろう。

このメロス島事件とシシリー遠征との組み合わせについて、二十世紀イギリスのギリシア哲学研究家であるコンフォードは、ここには、ヘロドトスの所で見たのと同じ、「ヒュブリスへの諌め」の思想が見て取られると書いている。一般には、二人の歴史家は、同じ紀元前五世紀に生きながら、全く異なる態度で歴史を記述した歴史家であると評価されているが、その長大な作品を完成するには、クライマックスの所で共通の倫理観、それも神話に遡ることができるような倫理観が必要となっているというのである。聞くべき見解であろう。

このヒュブリスへの諌めは、同時代のギリシア悲劇の主題をなすものでもあった。またいささか時代が下るが、アリストテレスが彼の倫理学の中心に「中庸」という徳目をすえていることにも、このヒュブリスへの諌めの思想が反響しているのを見ることができるであろう。その点で、古代のギリシア人にとってなじみやすい考え方であったということができるであろうが、それにしても、トゥーキュディデースの場合、この思想にあらん限りの深刻な内容を与えたという感もする。

願わくは、神のめぐみによって、
泡沫《うたかた》の幸《さち》を喜び、
ものを思わぬ心を得たい、
願わしく思うのは、あまりに深く理を探ることもなく、
さりとてまた、あらぬ迷信《まよい》にも染まぬよう。[註1]

歴史家と同時代に生きた詩人エウリピデスの『ヒュッポリトス』に出てくる合唱隊の歌である。ここには、知性の悲劇とでも言えるものが歌われているのかもしれない。知る者も知らざる者も、ともに拉し去られるような悲劇がトゥーキュディデースのペロポネソス戦争の記述にはある。その点で、彼の歴史記述は、出口なしの暗澹たるものと言えよう。しかし、それにもかかわらず、あるいはむしろそれゆえにこそ、ここにはギリシアの文芸史上でもまれなる高みに達した知性が示されていると言えるのではないだろうか。

随分長いこと、トゥーキュディデースの話にページを割いてきた。ギリシア哲学について語るという観点から見ると異例のことと受け取られるかもしれないが、しかし、プラトンやアリストテレスが偉大な哲学者であることは否定できないとしても、ギリシア文化の最盛期の思想を、その時代の人物の語った言葉を通して知ろうとするならば、トゥーキュディデースの文章にそれを求めることは正当なことなのである。トゥーキュディデースの生きたペリクレスの時代こそ、アテネのパルテノンの神殿も造営され、ソフォクレスやエウリピデスの悲劇も上演され、その他の学芸の華が咲き乱れた時代であった。その時代に起こった戦争の悲劇を、変わらざる「人間性」という観点から見つめたトゥーキュディデースの文章には、最盛期のギリシア文化の香りが最も強く香っているはずなのである。

註

1 エウリピデス（松平千秋訳）「ヒッポリュトス」『ギリシア悲劇集Ⅳ』人文書院、四五頁。

◉第四章

ギリシア悲劇の近代性

アイスキュロス、ソフォクレス、エウリピデス

一　山羊の歌

ギリシア悲劇の起源

古代ギリシアを飾る文化遺産のなかでも、ギリシア悲劇は特別高く評価されているものの一つである。その最盛期は紀元前五世紀であり、アテネで活躍した三人の作家によって代表される。アイスキュロス（紀元前五二五―四五六）、ソフォクレス（紀元前四九六／五―四〇六）、エウリピデス（紀元前四八〇―四〇六）である。アイスキュロスはマラトンの戦いにも参戦した人物であり、ソフォクレスはペリクレスの時代の人物、エウリピデスはペロポネソス戦争の時代の人物であった。彼らの作品は当時から高い評価を受けていたが、今のこされている幾多の作品は西洋の文化にとっての古典とされてい

る。それらの作品は、ただ読むものとしても優れたものであるが、それ以外に、台本通りに上演される場合も、翻案されて上演される時もある。またオペラ、映画、絵画など、他の芸術ジャンルに題材を提供してもいる場合もあって、それぞれ重要な文化財たり得ている。

ところで、英語で悲劇のことをトラジェディー tragedy と呼ぶが、その語源はギリシア語のトラゴイディア tragoidia という言葉に遡る。この言葉はトラゴス tragos の部分とオイデ oide の部分からできていて、tragos が雄の山羊、oide が合唱という意味を持っている。葡萄酒の神ディオニュソスの祭りの際に、人々が葡萄酒を飲み、山羊の扮装をして歌い踊ったというのがその始まりとされている（図4-1）。古代に作られたディオニュソスの彫刻には非常に猥雑なものもあるが、その名残であろう。

このことが示すように、悲劇は初めはきわめて土俗的な祭りから派生したものであったであろうが、これが紀元前五世紀のアテネにおいて洗練された演劇に変貌し、国家的な行事として市民を集めて上演されるようになった。悲劇が上演されたディオニュソスの大祭では、上演作品からすぐれた作品が一等に選ばれ、作家には栄誉を与えられたのである。山羊の扮装で歌い踊ったというのであるから、トラゴイディアにはもとはいわゆる悲劇という意味はなかったのであるが、現在遺されている悲劇作家の作品を見て明らかなように、上演された作品はまさに悲劇というにふさわしい性格を与えられている。それを合唱隊から切り離された登場人物（ここでは英雄と呼んでおこう）が、合唱隊とともに演じたのである。しかし、そのような作品の上演が合唱や舞踏を伴うものであったという所が、トラゴイディアの起源の姿を留めているところであろう。ちなみに、西洋のオペラの起源は、ルネッサンス期のイタリアで、ギリシア悲劇を再現する目的で、歌と舞踏を用いてギリシア神話の物語りを上演したものとされている。

　さてギリシア悲劇においては、作品の素材としてはほとんどのものが神話に素材を求めている。ただし、その神話の解釈に悲劇作家の時代の思想が深く反映していることは言うまでもない。

図4-1　カラヴァッジョ『バッカス』

最初に、アイスキュロスの『アガメムノン』を取り上げてみよう。

二　アイスキュロスの『アガメムノン』

『オレステイア』三部作

多くの場合、悲劇は三部作構成で作られたようであるが、現在三部がすべてのこっているのはアイスキュロスの『オレステイア』三部作だけである。この作品は、トロイ遠征のギリシア側指揮官であった、アルゴスのポリスの領主アガメムノンと、彼の一族であるアトレウス家に起こった悲劇を題材としている。これから取りあげる『アガメムノン』はその第一部である。はじめに、三部作全体の筋を見ておこう。

話は、まず、十年の間トロイアに遠征した後、勝利をおさめて故郷のアルゴスに帰国したアガメムノンの悲劇から始まる。第一部『アガメムノン』は、長いこと夫が留守をしている間に、妻のクリュタイメストラはアガメムノンの従兄弟のアイギストスと密通をしており、帰宅した夫を、その晩のうちに彼女の情夫と共謀して殺害してしまうという話となっている。

第二部は『供養する女たち』という題名の作品である。第一部で殺されたアガメムノンの遺児たちによる敵討ちの話である。アガメムノンの墓の供養をする女たちが合唱隊となっているのでこのように名づけられている。アガメムノンが殺された時から幾年も経た後、国外に逃れていたアガメムノンの長男オレステスは、アポロンの神託に従って父の敵討ちをするためにアルゴスに帰国し、姉のエレクトラと父親の墓の前で再会をはたす。エレクトラはアルゴスの宮廷に住まわされ、母とアイギストスからきわめて冷遇されて育ったのであった。このエレクトラとオレストスの兄弟が、母のクリュタイメストラとアイギストストスとを殺し、父の敵を討つというのである。

第三部は、『エウメニデス（慈しみの女神たち）』という題名である。アガメムノンの息子オレステスは、見事自分の父親の敵は討ったのであるが、しかし、それは母殺しの大罪を犯すことでもあった。第二部『供養する女たち』の終末部分では、オレステスは、今度は、母親の怨念を引き受けた復讐の女神エリニュエスに責めさいなまれる幻想にかられながら、狂乱のうちに舞台を後にするのである。その結果、この第三部にいたって、女神アテネの主催する、人間と神々とが入り交じった裁判においてオレステスが有罪か否かが争われるという話となる。オレステスを攻撃する急先鋒はクリュタイメストラの亡霊とならんでエリニュエスであり、このエリニュエスたちが合唱隊となっているが、最後に裁判官となった十二人のアテネ市民が投票した結果、有罪か無罪かの票数は同数となる。それを見て、女神アテネがオレステス無罪の判決を下すのである。そして、その判決に不満なエリニュエスに対しては、あなた方は慈しみの神、すなわちエウメニデスになりなさいとなだめる。確かに、正義が成就するためには復讐ということがなければならないが、それだけでは充分ではない。民に対する慈しみもまた必要であるというわけである。エリニュエスたちはそれで納得して、めでたしめでたしの結末を迎えるということになるのである。

このように、最後こそ、神の正義が成就するということになってはいるが、物語全体を見れば、一族のうちでの血で血を洗う凄惨な悲劇が続いていく話である。そのなかで個人を翻弄する運命がいかなる神の意図によるものなのかについて深刻に問われるという所に、アイスキュロスの真骨頂が示されていると言えよう。第一部『アガメムノン』をもう少し詳しく見てみよう。

『アガメムノン』

ギリシア悲劇の舞台は円形の踊り場（オルケストラ）で演じられた（図4－2）。登場するのは、個々の登場人物と合唱隊である。『アガメムノン』では、まずはじめ、舞台となるアルゴスの王家アトレウスの館の前で物見《ものみ》の男が登場し、独白をするが、それを通じて、すでに観衆はこのアトレウス家にただならぬ凶事がおこりつつあることを感づかされる。物見は、烽火《のろし》の合図により十年の間トロイアを攻めたギリシア軍がついに勝利したことを知り、その知らせを王妃に伝えるために館のなかへ入っていく。

続いてアルゴスの長老たちからなる合唱隊が登場する。合唱隊の存在は、ギリシア悲劇発祥に関わる重大なものであるが、しかし、劇の展開のなかでは、能動的な役割は演じないで、ほぼ、劇中の英雄の行跡の目撃者という立場に立っていて、事件について語ったり、登場人物と会話を交わしたりする。『アガメムノン』で合唱隊の役をはたす長老たちの発言内容は、市民の良識を代表しているのであるが、また、彼らは自らの無力を嘆く者でもある。その発言は一貫して悲劇的

図4-2　エピダウロスの円形劇場
一万四千人が収容可能な石造りの劇場である。屋外劇場であるが、音響効果は驚異的であり、中央のオルケストラの所で紙をこするような些細な音を出しても、その音が最奥部の観客席にまで届く。

な感情に彩られている。彼らは、まず十年間続いた戦争の苦しみについて語り、そして、戦争を呪う声、この戦争を引き起こしたアガメムノンとメネラオスの兄弟を呪う声がギリシア中に満ちあふれていると語る。また、この戦争を引き起こした、ヘレネとパリスの不倫の恋を厳しく非難する。

続いて、アトレウス家にまつわる惨劇が語られる。アガメムノンの父であるアトレウスは、自分と王位を争った兄弟のテュエステスを憎み、和解の宴席を開くと偽って、テュエステスの三人の子を殺し、その肉をテュエステスの食膳に供し、彼に食べさせ、後からそれを知らせるというおぞましいことをしたというのである。また、アガメムノンは、ギリシア軍を率いてトロイア遠征に出発する際、風が吹かず、船出ができぬために娘のイピゲネイアを生け贄に捧げ、神々に風が吹くことを請うたというのである。そして今、アガメムノンの后であるクリュタイメストラは、テュエステスの遺された子であるアイギストスと密通している。これらのことを、長老たちからなる合唱隊は自らの無力を嘆きつつ語るのである。

そこに、アガメムノンの妻であるクリュタイメストラが登場して、合唱隊の長老たちにトロイ陥落の報を告げる。始めは疑っていた長老たちも、使者がギリシア軍勝利の報をもたらすに及んで、勝利を信じるにいたる。しかし、また、帰国の途についたギリシア軍を嵐が襲い、多くのギリシア人が遭難したことを聞いて、長老たちは、味方の勝利を喜ぶよりは、勝利者にかかる敗者の血の呪いについて多くを語る。

恨みを含んだ人々の声は怖ろしい。
民のいだく呪いは必ずや償い求めるもの。[註1]　（456-7）

こう語った後、

神々は血にけがれた者を見逃しはしない。
復讐の女神《エリニュエス》は、正しからずして栄える者を、
最後には打ち倒し、その命運を逆転させるであろう。　（461-6）

と語り、さらには、

一国の征服者になりたくもない。といって囚われて、
他人の支配を受ける身にもなりたくないが。（473-4）

と語る。このような言葉には、確かにすでに見てきた「ヒュブリスへの諫め」、驕慢への諫めの思想が認められるが、この悲劇作品では、それが一層生々しく語られていると言えるであろう。

そうこうしているうちに、この館の主人アガメムノンが帰還してくる。それを妻のクリュタイメストラが出迎える。彼女は、留守中のさびしさを大袈裟に訴えた後、侍女たちに紫色の布を敷き詰めさせ、その上を凱旋してきたアガメムノンに歩かせようとするが、アガメムノンは、そのようなことは東方の専制君主のようなやり方だからと言って一旦は断る。これらのやり取りから、すでに、二人の間に冷たい風が吹いているのが察せられるが、また東方の専制国家と違う自由なギリシアという考え方が示されていることも興味を引くところである。

このドラマは『アガメムノン』と名づけられているが、英雄であるはずのアガメムノンがいかにも影が薄い人物として描かれているのが特徴的である。アイスキュロス

が描こうとしたことは、ギリシアの勝利を、ギリシアの英雄を通じて讃えるといった楽天的な物語ではない。勝者をも見舞う深刻な葛藤についてであったのである。

ところで、このアガメムノンは、帰還に際して、戦利品としてトロイア王プリアモスの娘であるカッサンドラを連れて来ていた。このカッサンドラは予言の力を与えられているが、その内容をけっして他人に信じてもらえないという宿命を背負わされた女として描かれている。したがって、自分の一族を見舞った悲劇も、正しく予言しながら聞いてもらえなかったのであるが、この女性が一種異様な悲劇的雰囲気を舞台に漂わせる。このような悲劇的状況にある人物、全く権利を奪われた立場に立たされた人物の目を通してこの世界がどう見えるかを示して見せることも、悲劇作品に深みを与えるものと言えよう。

さて、アガメムノンが妻とともに宮殿に入った後、カッサンドラも、自らの死を予知しつつ宮殿のうちに入っていく。後には、不吉な思いに戦く合唱隊が残されるのであるが、そこにアガメムノンの断末魔の叫び声が聞こえてくる。風呂場で、妻と情夫のアイギストスによって殺害されたのである。ギリシア悲劇では殺人現場は舞台にかからない。その代わりに、うろたえる合唱隊の前に、アガメムノンとカッサンドラの死体が引き出されてくる。そこへ、クリュタイメストラは、アイギストスと手に手を携えて出てくるのだが、自分たちに非難の目を向ける合唱隊に向かって傲然と振る舞うのである。

クリュタイメストラは、密通をし、あげくの果てに夫殺しの大罪を犯した女であるが、しかし、この『アガメムノン』のみならず『オレステイア』三部作全体を通じて異常なまでの力を発揮する人物として描かれている。なにしろ、すでに殺されてこの世の人間ではなくなっている第三部の『エウメニデス』でも亡霊として登場し、激しくオレステスを責め立てるほどである。『アガメムノン』における事実上の主人公とも言える存在である。これに比べれば、アイギストスの方は、戦争にも行かず、アガメムノン殺害も一人ではできなかった臆病者と合唱隊になじられる存在でしかない。それに対して、クリュタイメストラの方は、アガメムノンこそが自分の娘イピゲネイアを生け贄として殺害したのだ、だから自分の夫殺《おっとごろ》しは、娘の敵《かたき》をとっただけなのだと言い立てるのである。そして、自分の所行によって一族の血で血を洗う殺し合いに決着をつけるべく、アトレウス家に取り憑く怨霊と誓いを交わしたのだと言い張る。非を鳴らす長老たちの面前で、情夫に向かい「愛しい方」(1654)と語りかけ、長老たちに向かい、もう血を流すのはたくさんだからと、消えていなくなるようにと命令する。

このような強烈な意志を示す時、クリュタイメストラは悪女でありながら、単なる悪女であることを越える存在となると言えなくもない。自らに与えられた運命を背負っていく人物となっているという解釈も可能なのである。ギリシア悲劇は運命悲劇と呼ばれ、個人にはいかんともし難い運命に登場人物が翻弄される話を題材にするものと見られているかもしれないが、運命に果敢にいどみ、それを背負っていく人間の強烈な個性もまた描き出しているのである。

さらに、ここには、倫理的価値が相対化される恐ろしさも認められよう。英雄アガメムノンとても、自分の功名心のために娘を生け贄に捧げてしまったという弱みを抱えている。クリュタイメストラも、自らの悪行の弁明として娘を殺されたという正当な怒りをあげることができる。アイギストスにも、父と兄弟の復讐という正当な理由がある。父の敵《かたき》をとったエレクトラやオレステスは、母殺しの重罪を問われる。合唱隊の長老たちは、良識を代表してはいるものの、自分たちの無力を嘆くことしかできない存在である。登場人物を見舞う運命を見据える作家の目はこのようにしなやかなものである。

三　ソフォクレス

『オイディプス王』

次は、ソフォクレスの『オイディプス王』を取りあげてみよう。『オイディプス王』はソフォクレスの作品のなかでも優れたものとみなされている。また、特に母子相姦というショッキングなテーマのせいもあって、心理学をはじめさまざまの場面で取りあげられる作品ともなっているが、これも、もとは神話に由来する話である。

舞台は古代ギリシアのポリス、テーバイである。劇が始まると、早速、観衆はテーバイのポリスを疫病が襲っている状況を知らされる。テーバイの国王オイディプスは、旅の途中に何者かによって殺害されたライオス王のあとを継いで王位に就くとともに、先王の后のイオカステを妻として、名君の名声を得ていた。そこで、早速この疫病の原因を調査するために神託を聞くことにした。すると、その答は、ライオス王を殺害した罪人が処罰されれば、この疫病は治まるというものであった。そこで、オイディプス王自ら先頭に立って、罪人の探索が始まった。名高い予言者テイレシアスが呼び出されてくる。しかし、彼は、何事かを知っている様子ながら、「知恵が何の役にも立たぬ時に、知恵をもっているということは、なんと恐ろしいものであることか」という謎に満ちた言葉を語るのみで、怒りにかられた王の前から去っていく。その他に、かつてライオスに仕えていた者等、多少とも事情を知っていそうな者たちが呼び出されてくるのであるが、そうすると、次第次第に恐ろしい真実が顔をのぞかせてくる。その真実とは何かと言うと、それは、オイディプスの出生に関わること、すなわち、オイディプスはテーバイの国王ライオスの実の子だったということなのである。

ここで、話を、このライオスにまで遡ってみることにしよう。彼は、若き日にホモセクシャルの罪により、神の怒りにふれ、もし自分の子をつくればその子によって殺されるという神託を受けていたのであった。しかし、ライオスは、妻との間に男子をもうけた。そこで、神託の予言を回避するために、その子の踝に穴を開け、両足をしばり山中に捨てさせたのである。そのためその子の足が腫れ上がり、その「腫れた足」というのがオイディプスという言葉であり、それがその子の名前となった。しかし、捨てられ、そこで命を落とすはずであったその子は、コリントスの王の家来に拾われ、子供のいなかったコリントス国王夫妻に育てられた。そのオイディプスは、成長した時、自分が実は捨て子であったということを聞かされ、それを確かめるためにデルフォイに行って巫女の神託を仰いだ。そこで、やがて自分は母と交わり、自分の父を殺すという恐ろしい神託を受けた。彼はすぐにコリントスを去り、旅を続けたのであるが、その間に、街道である男の一行と出会い、喧嘩になりその人物を殺してしまう。それが、実はライオス王であったというわけである。その後、オイディプスがテーバイのポリス近くに来た時、道行く人に謎をかけて、それに答えられなかった相手を食っていた化け物スフィンクスに出会い、その謎を解いてしまう。そうすると、スフィンクスは身を投げ死んでしまう。それにより、オイディプスは、テーバイのポリスに英雄として迎えられ、国王に推挙される。それとともに未亡人となっていた先王の后と結婚するということになる。このように、そうとは知らずに、父を殺し、母イオカステを妻としてしまった。予言は成就したわけである。

以上のことが、オイディプスによるライオス王殺害犯の探索のなかで明らかになってしまったのである。それが明らかとなった時、妻であり母であるイオカステは首をつって自害し、オイディプスは后の装身具の黄金の留め針で自らの両眼をつき、自らを失明させた上、テーバイのポリスを去って放浪の旅へとおもむく。これが作品全体のあらすじである。

後年、哲学者のアリストテレスは、芸術を論じた『詩学』という著作において、ギリシア悲劇についてかなり詳細な記述をのこしているが、そこで、悲劇というものが、他の万物と同じく始めと中間と帰結からなり、しかも一貫性をもっていなければならないとした上で、物語が、逆転と発見的認知、主人公の受難をもつことによって、演劇としての効果を獲得すると述べている。そこで『オイディプス王』に言及する。この作品では、これまでオイディプスが国王として受けていた栄誉が、隠されていた状況が明らかにされることによって、一挙に失われるというように、幸福から不幸への急転がある。その際に、自分の本当の素性について疑惑に囚われはじめたオイディプスの所に、その疑いを解いて王を喜ばせるつもりでやってきた人物が語ったオイディプスの過去の事実が、逆に彼の不幸を決定づける証拠となってしまうという筋の工夫がされている。そこに、逆転、発見的認知の典型例が見られるとアリストテレスは指摘しているのである。

また、同じ『詩学』で、アリストテレスは、悲劇の主人公は、徳とか正義に関して、私たちと同等か、多少すぐれている程度の人物であるのが良い。私たちより劣った邪悪な人物であったり、逆に完全に穏やかな善人であったりしてはならないとしているが、ソフォクレスによって描かれたこの物語の主人公オイディプスは、多少怒りっぽいが、あくまでも自分の信念を貫き、自分自身の保身よりは真実の探求の方を重んじる点では立派な人物として描かれている。そのような人物が、自分の悪行や悪徳ゆえにではなく、一種の過失のゆえに不幸に陥る。それが悲劇の登場人物にふさわしいというのである。というのも、悲劇が私たちの心に訴える力を持つのは、それが、「人間愛の思い」、「同情の念」、「恐怖の情」を私たちの心に呼び起こし、主人公の受難がかえって私たちに、心の「浄化（カタルシス）」に伴う快感をもたらすからであるという。このような観点から見て、『オイディプス王』がそれにふさわしい作品であるということは明らかであろう。

『アンチゴネ』の合唱

この作品の作者、ソフォクレスはペリクレスの時代、アテネの文化の最盛期の詩人であったが、それは円熟した作劇技法を駆使したその作風によく現れていると言えるであろう。また、それは、彼の人間把握にも見ることができる。この作品においても、一見、登場人物は運命のなすがままに動かされているように見えるが、しかし、オイディプスが自らの破滅をかけて真実の探求へと突っ走る時、また自らの手で自分の目を突いて流浪の旅へと旅立つ決意をする時、単なる運命に翻弄される受け身の人物であることを越える、能動的で力強い人間性を示してもいると言えるであろう。そして、そのような、人間の能動的な性格に対する洞察は、彼の別の代表作である『アンチゴネ』の合唱隊の歌によく示されている。

不思議なものは数あるうちに、
人間以上の不思議はない、
波白い海原をさえ、吹き荒れる南風をしのいで
渡っていくもの、あたりにとどろく
高いうねりも乗り越えて。
神々のうちわけても畏い、朽ちることなく
たゆみを知らぬ大地までをも攻め悩まして、

来る年ごとに、鋤き返しては、
馬のやからで、耕す。

気も軽やかな鳥の族、または野に棲む
獣の族、あるいは大海の潮に住まう
類をも、織り上げた網環にかこみ、
捉えるのも心さかしい人間、
まただてをもってし、荒野に住まい、あるいは山路を
往き、徘徊する野獣をくじき、たてがみをはやした
馬さえも、項にくびきをつけて馴らすのも、
疲れを知らぬ山に住まう牡牛をもまた馴らすのも
心さかしい人間。

あるいは言葉、あるいは風より早い考え事、
国を治める分別をも自ら覚る、または野に眠り、

大空の厳しい霜や、烈しい雨の矢の攻撃の
避けおおせようも心得ているから、万事を巧みにこなし、
何事がさし迫ろうと、必ず術策をもって迎える。
ただ一つ、求め得ないのは、死を逃れる道、
難病を癒す手段は工夫したが。

その方策の巧みさは、まったく思いも
寄らないほど、時には悪へ、時には善へと人を導く。
国の掟をあがめ尊び、神々に誓った正義をまもっていくのは、
栄える国民。また向こう見ずにも、よからぬ企みに
与する時は、国を滅ぼす。かようなことを働く者が
けして私の仲間にないよう。その考えにも引かされないよう。[註2]

この、人間こそが自然の万物のなかで最も不思議なものであるという言葉にこそ、他の多くの古代文化に対してギリシア文化を独特のものとしている特徴を見いだすこ

とができるであろう。人間こそが、この世界の頂点に立つという考え方がここに示されている。それは、ともすれば自分たちの先祖を動物と思いこんでしまうような、あるいは自然物に人間を超える力が宿っていると考えてしまうような、未開社会のアニミズム的考え方とは大きく異なったものである。あの巨大な建造物を造ったエジプト人も、自らの姿を映す神の像を、上半身は人間であっても下半身は動物の姿で表した。そこには唯一の国王の下に国民が屈従を強いられる専制的国家が象徴されていると言えるのかもしれない。

四　エウリピデスの近代性

最後はエウリピデスの番である。彼の作品ではギリシア悲劇と結びつけられる古代共同体的倫理観が薄められてきているということが言えるのかもしれない。そのことは、すでに古代においても、エウリピデスと同世代の喜劇詩人、アリストファネスが『蛙』という作品のなかで語っていることでもある。しかし、このエウリピデスの作品が三大悲劇作家のうちで最も多くのこされてきたということも注目すべきであろう。それだけ人気があったということではないかと思われる。では、彼の作品の特徴と見られる近代性に着目して彼の作品を見てみよう。

まず、エウリピデスの作品中でも最もよく知られている作品である『メディア』である。話の筋は、苦労をともにしてきた内縁の夫に裏切られた女主人公のメディアが、復讐のために男の新妻を毒殺し、さらに男と自分の間にできた二人の子を殺すという話である（図4-3）。これもアルゴー伝説という神話がもとになっており、メディアもれっきとした王女であるのだが、エウリピデスによって描かれたドラマでは、今日、しばしばマスコミをにぎわせる痴情のもつれによる惨劇といった観が呈されている。それほど下世話の話として登場人物の心理が描き出されているのである。その分だけ、合唱隊によってポリス共同体の理想が歌われるという部分は減少しているのであるが、我が子の殺害を決意するに至るまでの、メディアの心の揺れの描写は鬼気迫るものがあって、近代劇にひけを取らぬ生々しさをそなえている。この作品は、有名なオペラ歌手のマリア・カラスを主人公にすえて映画化されたこともある。

また、エウリピデスの、多面的な人物造形や、懐疑を含んだ近代的で知的な科白には見るべき独創性がある。その例を、すでに第三章で言及した『トロイアの女』に見てみよう。その作品では、ギリシア軍によって理不尽にも滅ぼされトロイアの女たちが登場人物となっているが、そこで、トロイアの英雄であったヘクトールの未亡人であるアンドロマケが、生きて悲しい目に合うより死んでしまった方が良いと語るのに対して、老いた姑、すなわちトロイア王の妻ヘカベが次のような科白を語る場面がある。

でも、お前、死ぬと生きるとでは、違うものだ。死んではすべておしまいだけど、生きていさえすれば、望みもあろうというもの。（633）

何ともふてぶてしい科白であって、そこに近代性を認めることもできるであろう。さらに、プリアモス一族の最後の男子である幼い孫すら殺され、女たちがギリシアに奴隷として引かれていく場面では、ヘカベは神に向かってこう訴える。

この世に座し、この世を支配する尊いもの、それは、いかなるものか人智によっては捉えがたく、ゼウスと呼んでよいのか、自然の理、人間の知恵と呼んでよいのかわからない……。（884）

図4-3　ドラクロア『狂えるメディア』

おお、神々よ。いや今更なんで神々の名など呼ぶ必要があろう。これまで何度呼んで祈っても、聞いてくれたことがなかったのに。（1280）

すべての願いも空しく祖国が滅ぼされ、共同体を支える神への信仰が地に落ちた後、神はこのように神話で語られる名によってではなく、「自然の理」すなわち「ロゴス」と呼ばれる。ここには、ペロポネソス戦争という悲惨な戦争の影が色濃く認められるということも言えるであろう。

エウリピデスの作品においては、全く何の罪科もない登場人物が悲惨な死を遂げなければならないといった話がよく出てくる。そしてあわやという場面で、機械仕掛けで舞台の影から神様が登場してきて登場人物を救ってくれるという仕掛けになっているのである。この神はデウス・エクス・マキナ（Deus ex machina）、すなわち機械仕掛けの神と呼ばれて、その登場が唐突であることについては、すでにアリストテレスによっても非難されていた。しかし、エウリピデスの立場に立てば、悪くなる世の中で、自然な物語の筋立てに即して、登場人物も共同体の倫理も救われるということが困難となった証《あかし》だとなるのかもしれない。

註

1 Loeb classical libraryから訳した。行数の番号もそれに従う。

2 現在のこされているもののなかでは、アイスキュロスの『ペルシア人』だけが同時代のテーマ、すなわち、ペルシア戦争というテーマを扱ったものとなっている。そこで、アイスキュロスは、舞台をペルシアの宮廷に設定し、そこにペルシア軍敗北に終ったサラミスの海戦の模様が伝えられるとしているのである。呉茂一訳に多少手を加えた。

第五章

近代哲学に響くギリシア悲劇

ヘーゲルとニーチェの哲学

一　ヘーゲルとギリシア悲劇

ギリシア悲劇は、キリスト教が支配した中世においても、修道院の片隅で写字生たちによって写し続けられ、保存されるとともに、ルネッサンス以降、改めてその価値を見直され、西洋文化全般に大きな影響を与えてきた。そのうち、哲学に影響を与えた例として、ヘーゲルとニーチェを取り上げてみたい。彼らは、それぞれの形で近代を代表する哲学者であるとともに、古代ギリシアの文化に心酔し、それを近代における彼らの哲学の展開のバネにした哲学者でもあった。その際、プラトンやアリストテレスのような古代ギリシアを代表する哲学者にも増して、ギリシア悲劇の作家たちからの影響が大きかったということがあったのである。それがいかなるものであったのか、以下で検討する。

初めはヘーゲルである。彼は一七七〇年、啓蒙主義の時代のドイツに生まれ、学生時代にフランス革命勃発の報に出会っている。彼の学んだチュービンゲンの大学は神学校であったが、ヘーゲル自身は、この時代の、啓蒙とフランス革命によって代表される新思潮の影響を強く受けた学生時代を過ごした。フランス革命勃発の報に接して、学友だったシェリング、ヘルダーリン等とともに寄宿舎の庭に自由の樹を植えて祝ったという話はよく知られている。そこで、ヘーゲル最初期の仕事は、聖書解釈の形を取りつつ、フランス革命に触発された思想を展開するものとなっているのである。その際、ドイツ哲学の先輩イマヌエル・カントの哲学を学び、摂取することと並んで、古代ギリシアの哲学、文学の研究が重要であったことは言うまでもない。彼の初期の著作は、聖書の自由な解釈を内容とする、『神学論集』という形で知られるが、そこで、彼は、キリスト教的ヨーロッパの旧体制を因襲と抑圧に支配された「実定宗教」の段階と呼ぶ反面、フランス革命によって目指された自由、平等、博愛の理想を掲げた体制を「民族宗教」の名で呼んだ。その「民族宗教」が、ギリシアのポリスの宗教と政治体制に範を取ったものであることは言うまでもない。

そのように、若年時代のヘーゲルにとって、古代ギリシアは理想であった。やがて、彼は、古代的人倫を克服した近代独自の価値を、近代が、個人の特殊性を尊重しつつも、全体の統一を実現するような体制を形成したからという理由で、評価する様になる。しかし、ヘーゲルの古代ギリシアへの傾倒は、根強いものがあり、彼の哲学の様々の場面で重要な役割を演ずるに至る。

神の掟と人間の掟

その一つが、ギリシア悲劇の彼の体系への摂取である。彼のギリシア悲劇論として特筆されるものとして、ソフォクレスの『アンチゴネ』から彼の家族論を展開している例をあげることができよう。それは、まず、彼の最初の体系的著作『精神現象学』に見ることができる。『精神現象学』のⅥ．精神のA、「真なる精神」と名づけられる部分においてである。「精神」という言葉は、ヘーゲルの場合、単に肉体に対抗する人間の心の側面というのではなしに、集団なり共同体を形成している限りでの人間を指しているのであるが、さらに、この真なる精神と言う言葉によっては、古代の共同体のあり方が指し示されている。ヘーゲルは、ソフォクレスの悲劇『アンチゴネ』を手掛かりにして考察する。『アンチゴネ』は『オイディプス王』の後日談である。自らの罪を知ったオイディプスは、己の眼を突き、テーバイのポリスから去り、やがて死を迎えるが、テーバイには、彼の子供たち、男子のエテオクレスとポリュネイケス、女子のアンチゴネとイスメネの四人が遺されることになった。このうち、男子同士の間にオイディプスの跡目をめぐって争いがおこる。二人のうち、エテオクレスは故郷テーバイに残って戦うが、ポリュネイケスの方は、テーバイを出奔して、アルゴスのポリスに行き、アルゴスの軍勢を引き連れて、テーバイを攻めるということになった。この戦いにおいてエテオクレスとポリュネイケスとは相討ちとなり、双方とも死んでしまう。そこで、そのあとの処理が難しいこととなる。二人の兄弟の死により、空位となった王位を継いだのは、オイディプスの母であり妻であったイオカステの兄、クレオンであった。そのクレオンが王として最初に行った施政は次のようなものだった。それは、死んだ兄弟の葬儀に関わるもので、二人のうち、エテオクレスの方は、故郷テーバイに留まって戦い、死を遂げたのだから、英雄として手厚く葬る。しかし、ポリュネイケスの方は、外国であるアルゴスの兵を引き連れテーバイを攻めたのだから、これを謀反人として厳しく処罰するというものであった。と言っても、本人はすでに死んでいるのだから、死罪に処するわけにもいかない。そこで、遺された死体の葬儀の方式に差をつけてやるために、ポリュネイケスの死体を埋葬せずに、野にさらし者として放り出し、鳥やそのほかの獣の食い散らすにまかせようとしたのである。そのために、ポリュネイケスの死体を葬ろうとした者には死罪が与えられるという御触れが出されるに至った。

古代にあって、遺体を埋葬もされず、さらし者にされることがどんなに重い刑罰であったかは想像に難くない。そこで、この措置に怒り狂った人物がいた。それが、ポリュネイケスの姉妹であったアンチゴネであった。オイディプスにはもう一人の娘イスメネもいたのであるが、彼女の方はクレオンの命令に従っていた。しかし、アンチゴネの方はクレオンの命令に逆らい、ポリュネイケスの遺体に土をかけ、埋葬の意志を示したのである。やがてそのことは露見し、アンチゴネは捕まり、クレオンの前に引き出されてくる。そこで、アンチゴネは、ポリユネイケスを埋葬してはならぬという御触れを破った自分の行為の弁明を行う。その眼目となる言葉が、自分のやったことは、兄弟の遺骸を葬るという姉妹にとって何よりも大切な義務をはたしただけで、これは「神の掟」に従ったということにほかならないというものであった。そこには、ポルネイケスの遺体の埋葬を禁じたクレオンの御触れは「人間の掟」に過ぎないということが含意されている。結果は、クレオンの前から連れ去られたアンチゴネは自殺してしまい、同時にクレオンの息子で、アンチゴネの許婚者であったハイモンも抗議の死を遂げ、クレオンの妻も死んでしまうということになる。この悲劇から、ヘーゲルは、アンチゴネとクレオンの対決を主題として取り出し、そこに自らの哲学を盛り込むのである。

ヘーゲルによれば、ここでアンチゴネによって体現されている「神の掟」は、葬礼の儀式を見ればあきらかなように家族を支配する倫理的原理であり、その結合は神的なものであって心情的なものに傾くがゆえに、女によって担われるものであるとされる。それに対してクレオンによって体現されているものは「人間の掟」であり、国家を支配する政治的統治の原理であって、理性的なものとして、男によって担われるものであるとされる。さらに、このポリス共同態を支える要の所にはポリスの国民が生命を賭してポリスのために戦う義務が据えられている。そうなれば、死者に対する葬礼を根底に据えるという点では、家族共同態を支える「神の掟」も、ポリスを支える「人間の掟」も共通の原則を持つことになる。ここに、古代神話に由来する二つの掟が重なってポリス共同態（「真なる人倫」）が成り立つことが明らかとされるのである。

「芸術宗教」

同じくヘーゲルがギリシア悲劇を用いている別の例を『精神現象学』に見ることができる。「精神」の次に来る「宗教」のなかの「芸術宗教」の章においてである。これは、「宗教」という場面、すなわち絶対者という鏡に自らを写し出して、自己確信に達するという自己意識の歩みの一場面として設定されている。その「宗教」は、まず「自然宗教」から始まる。自然物をそのまま絶対者として崇拝する段階である。それに対して、この「芸術宗教」においては自己意識は絶対者の表象を自ら作り出す。石を削って神の姿をかたどった彫刻を作り、神への讃歌を歌い、収穫物を捧げ、神に奉納すべく身体を美しく鍛え上げなどした後に、言葉の芸術へと向かう。最初は、叙事詩、次に悲劇が来て、最後が喜劇となる。

「芸術宗教」に登場する神々の像は、あくまでも、人間の側からの絶対者への希求の産物として生み出されたものである。そうであるがゆえに、合理的知性の誕生とともに神々の像も力を失ってしまう運命にもある。まさに、ニーチェによって語られるのと同じく、「神は死んでいる」ということになるが、その、芸術を支える精神の喪失の意識が「芸術宗教」のなかで次のように示されるのである。

……そして神々のもろもろの久遠のおきてに対する「信頼」も、それから特殊的なものについて教えてくれた託宣も、いずれも同じように声をひそめてしまい、今や彫像はこれを生かす魂の逃れ去った亡骸であり、同じように讃歌も信仰の逃れ去った、ただの言葉であり、神々の食卓（祭壇）には精神的な食べ物と飲み物とが欠けており、人々が祝祭や競技を催しても、これらからは意識には自分と実在との喜ばしい統一が帰ってはこない。詩神のもろもろの作品には、精神の迫力が欠けており、かつては精神が神々と人間とを打って一丸とすることから自分自身だという確信が生じてきたが、精神はもうこのような迫力をもってはいないのである。これらの作品は今や［それ自体においてあるものではなく、］ただ「我々」に対してあるところのものであり、――それらは美しい果実ではあっても、もう樹からは摘み取られたものである、即ち［シラーの詩にある異郷の］さる乙女があの成り出でたものを差し出すように、さる親切な運命がこれらの果実を「我々」に手渡し伝えてくれたのである。しかしこの運命が与えるのは、これらの果実が「そこ」にあったときの現実の生命ではない、果実を支えていた樹でもなく、それらの実体を形づくっていた大地でも四元でも、それらの特質を決めた気候でも、或いはそれらの生成の過程を支配していた季節の交替でもないのである。

（GW.9.401-402、一〇九〇-一〇九一）

これは、古代ギリシアがすでにその歴史を終え、ギリシアの神々にも真実さが失われてしまったことを嘆いた文章である。だから、ここに否定的に書かれていることを、反対に肯定的内容にすれば、すべて、神々の表象が人々の生活のなかに生きていた古代ギリシアの「芸術宗教」の有り様を描いた文章となる。ヘーゲルは、これらの神々の姿を、古代ギリシアのポリスにあって、そこ、人倫的共同体に生じた危機を解消する役割をはたしていたものとみなす。ポリスの現実は、自らの姿を神の表象のうちに写し出し、自らの危機を解消させようとするのである。その「芸術宗教」に登場する神々の表象は、神話的思惟に留まっている限り、明晰にすべてを明らかにするといった智慧ではない。人倫的共同体のうちにある自己意識は、常に「知と無知との境目」

にいるという状態を脱し得ない。ヘーゲルは、この「知と無知との境目」にある神話的思惟活動を描き出そうとする。そのような人倫を支えるものとしての智慧は、神々の仮面を被った俳優の台詞として語られるというのが、ヘーゲルのギリシア悲劇解釈である。

二　ニーチェにおけるディオニュソス概念の変遷

次に取り上げたいのは、十九世紀末の哲学者、ニーチェ（一八四四－一九〇〇）である。ニーチェは、「神は死んだ」とか「超人」、「道徳の系譜」等の言葉をキャッチフレーズとすることによってヨーロッパのニヒリズムを暴き出した哲学者として知られているが、もともとは、ギリシア古典を研究する文献学者として、その学問的キャリアを始めた人であった。そのことは、彼の最初の著作が、ギリシア悲劇を扱った『悲劇の誕生』（一八七二年）という著作であるということにも一応は明らかであろう。しかし、この著作には、確かにアイスキュロス、ソフォクレス、エウリピデスのような古代ギリシアの悲劇作家たちの名が出てはくるが、その実質的内容は、古典語著作の文献学的研究からはおよそかけ離れたものであったのだ。

この本の正式タイトルである『音楽の精神からの悲劇の誕生』という言葉が示すように、ここで指導的に語られている根本思想は、若きニーチェが心酔し、深く傾倒していたリヒャルト・ヴァグナー（一八一三－一八八三）の音楽に触発されたものであったという屈折した事情がある。そこで、ニーチェのギリシア悲劇論について考えるためにも、彼の哲学にとっての音楽の位置について触れておく必要があるということになる。

ニーチェにとっての哲学と音楽

ニーチェの哲学の中心主題となるものと言えば、それは生の哲学ということになるであろう。そのことは、理論哲学的側面にも、倫理学的側面にも見られることであった。前者の理論的側面について見れば、因果性の把握も必然性の把握も、「力とその結果を信じるから」という生への意志の現れとみなすような所にそれは示される。後者の倫理的側面について見れば、一切の道徳は生の拡充をなし得ない者にとってのルサンチマンの産物にほかならないと主張するようなところにそれは示されていると言えよう。しかし、それとともに、彼の哲学の核心をなすものとして、芸術に関する思索があり、それが生の哲学に深く関わっているのである。ニーチェの場合、芸術のなかでも音楽、取り分けリヒアルト・ヴァグナーの音楽との関わりが重要である。そのことは良く知られていることであり、二人の間の関係、または確執は十九世紀末西洋精神史上の一大事件ともみなされてもいる。

ヴァグナーとの出会い

ニーチェ自身の語る伝記的事実から見ても、ヴァグナーが彼にとって決定的な意味を持つ存在であったことがわかる。一八六一年、十七歳の時、ニーチェは『トリスタンとイゾルデ』を知ったというのであるが、それに関して彼自身、後年『この人を見よ』のなかで次のように語っている。

> すべてを考慮してみて、ヴァグナーの音楽なしには、私は自分の青春を凌ぎ切ることができなかったであろう。なぜなら、私は、ドイツ人に帰属するように定められていたからである。……『トリスタン』のピアノ抜粋曲が出た瞬間から——感謝するフォン・ビューロー殿——私はワグネリアン（Wagnerianer）だった。[註1]

当時は、レコードもCDもないわけであるから、ピアノで演奏できるようにヴァグナーの楽劇も（ハンス・フォン・ビューローの手によって）編曲されていた様子がわかる。ここで、ニーチェのヴァグナーへの心酔が、彼自身のドイツへの敵対意識――といっても彼の自らの祖国ドイツへの嫌悪感の表明は、愛憎の両極を揺れ動くという複雑な性格も帯びているはずなので簡単には受け取れないものがあるが――、及び彼の哲学的立場と緊密に結びついているのが興味深い。その事実が、若き日のニーチェの哲学的著作として結実したものが、『悲劇の誕生』という著作であったのである。

『悲劇の誕生』とディオニュソス概念

ニーチェの『悲劇の誕生』の独自性は、ニーチェが、ギリシア悲劇というものを、紀元前五世紀の高度に発達したギリシア的知性の産物として見る前に、神話的精神との連続性の方に着目した所にも示されている。神話の未発達な知恵にこそ、より大きな生命力を見出すという彼の姿勢が示されているのである。これがニーチェをロマン派の巨匠ヴァグナーの芸術に結びつけるものであった。そこで、この『悲劇の誕生』

を酷評する専門家もあったようであるが、いずれにせよ、ディオニュソス的という審美的概念を突き詰めることこそ、ニーチェの哲学の性格を明らかにするためにも、ギリシア悲劇の基本性格を知るためにも必要不可欠のことに違いないのである。

ディオニュソス的ギリシア

ディオニュソス（別名バッカス）という言葉は、古代ギリシアにおける葡萄酒の神様の名である。これが、ニーチェがギリシア悲劇に見出した基本性格であるということは、何を意味しているのであろうか。「悲劇《トラゴイディア》」のギリシア語の語源が、葡萄酒の神を祝う祭典において、皆が山羊の皮を着て歌い踊ったという起源を持っていたということは、この祭典が乱痴気騒ぎや性的放縦を伴うものであったということを意味しているであろう。ニーチェは、これを、「自然の最も粗暴な野獣性」を本性とするものであって、地中海世界において広く行われていた行事であったと言っている。乱痴気騒ぎになるまでお酒を飲んだ方々には身に覚えがあるだろうが、このような宴会においては、個人はその個体としての輪郭を失い、集団の興奮に溶け込んでゆくような気持ちになる。トラゴイディアもきっとそうであったはずである。

ニーチェの見解では、古代ギリシアにおいては、これに対して、始めのうちはアポロ的原理が立ち塞がったという。アポロ的原理というのは、ホメロスに代表されるギリシア的精神を指す。アポロは若い男性の神であり、予言の神であるとともに、太陽、光明、知性、文化の神である。そこで、アポロ的ギリシアというのは、単純で峻厳なパルテノンのドーリア式神殿やオリュンポスの神々の明確な輪郭を持つ彫刻によって代表されるギリシア、一般に私たちが知っているギリシア、ゲーテの礼讃したギリシアのことを指すものであって、「個体化」という概念によってその原理が示されるという。しかし、ギリシア精神のうちに、このアポロ的なものへの対抗物が目覚めた。それがディオニュソス的なものであり、それもまた、ギリシア人の奥深い衝動であったということになる。しかし、このアポロ的原理とディオニュソス的原理との間の対立にも和解が結ばれる。ここがギリシア悲劇誕生の場面である。そこで、原始的な乱痴気騒ぎとしてディオニュソス的原理からは区別された洗練されたディオニュソス的芸術が成立したというのであるが、しかし、そこから情動的、陶酔的というディオニュソス的性格が消え失せてしまったわけではない。それは次のようなものに変質していったのである。

われわれは、あのバビロニアのサカ族などの、人間から虎や猿に退化してしまうような乱痴気騒ぎと比較してみても、アポロ的なものとディォニュソス的なものとの講和の圧力のもとで、いかなる形でディオニュソス的力が開示されるかを見るとき、ギリシア人のディオニュソス的狂騒秘祭において、世界救済の祝祭と聖化の祭日という意義を認識するにいたるのである。ギリシア人において、はじめて自然はその芸術的歓呼に到達し、彼らにおいてはじめて「個体化の原理」の破裂が芸術現象となる。（*ibid.* Bd.1.27、『悲劇の誕生』）

彼の表現によれば、ディオニュソス的芸術の創造者であるギリシア人において、はじめて、「自然はその芸術的歓呼に到達し、彼らにおいてはじめて「個体化の原理」の破裂が芸術的現象となる」ことが可能であったという。明確な形態の溶解にこそ芸術作品としての価値を見出す。そのようにして形成された悲劇の内容は次のようなものとされる。

それは、苦痛が快を目ざめさせ、歓呼が苦悩の音調を胸のうちから絞り出させるという現象なのである。最高の歓喜の中から驚愕の叫びが、あるいは償い難い喪失を悼む切々たる嘆き声が響きわたる。

（*ibid.* Bd.1、同上）

このように語られながら、重要なことは、悲劇が、決して厭世的な衰弱した精神が求めたものではないと主張されていることである。逆に、生の充溢こそが悲劇を求めるという。生の高揚期においてこそ、あえて秩序の解体を主題とする悲劇が制作されることは、アテネ文化の高揚期を生きたアイスキュロスの世界がそれを物語っている。彼の代表作『オレスティア三部作』においては、ホメロスと同じ神話に題材を求めていながら、そこに登場する神々や、英雄の姿はいかにも異なったものとなっている。ホメロスにおいては、登場人物は明確な性格をもつ、祝福された輝かしい美を放つものとして描かれているのに、アイスキュロスの悲劇では、彼らの姿には罪の汚れと否定がつきまとっているように描かれている。ホメロスにおけるアポロンは、ギリシア彫刻の男性像に見られるように、未来を見通す高き知力を与えられた輝かしい姿を持つ者とされているが、アイスキュロスにおいては、アポロンは主人公を破滅に導く恐ろしい運命の予言と関係させられた神となっている。

さらに興味深いことは、ニーチェが、アポロ的とディオニュソス的という対立項だけではなく、ギリシア芸術に関する第三のカテゴリーを用意していたことである。それが、彼が、同じく「ギリシア的晴朗」と言っても、「アポロ的」とは別の形式とみなしている「アレキサンドリア的晴朗」と名づけているものである。この呼び名は、古代ギリシアのポリスの文化が大帝国に呑み込まれてしまった後の、ヘレニズムの文化へと接続する文化を指し示す言葉であるが、それは、ニーチェの場合ソクラテスによって、そしてソクラテスの時代の詩人エウリピデスによって体現された哲学なり芸術のあり方を指す概念にほかならない。すなわち、ソクラテスのアイロニーを混えた啓蒙的知性のもとで、ディオニュソス的な暗いパトスが解消させられてしまう段階の芸術を指している。それは、表面的な美や、慰安を追求した類の技巧の産物である。それこそが、主知主義の時代、すなわちソクラテス以降の時代の産物にほかならないというのだ。この古代の主知主義が近代の合理主義につながるものとニーチェによって考えられていることは明らかであり、そこでは、真の芸術は終焉の時を迎えるしかないと考えられているのである。そのアレキサンドリア的な芸術についての、ニーチェによる定義を見ておこう。

アレキサンドリア的媚びへつらいの芸術のもとでは、芸術の最高の、真に厳粛と呼ばれるべき課題、すなわち夜の恐怖へと注がれていた目を解放し、主体を、意志の混乱による痙攣から、仮象という霊験あらたかな香油の治療によって救い出すという課題は、空虚な気晴らし的娯楽へと堕してしまう。（*ibid.* Bd.1.108、同上）

このような、「空虚な気晴らし的娯楽」を超える内容をもった作品は、古代のギリシア悲劇においてこそ可能であったというのがニーチェの見解であるのだが、しかし、彼は、この近代においても、なお、ヴァグナーの芸術は例外の位置を占めると主張するのである。ヴァグナーの音楽のうちに「心を揺さぶる音の力」、「旋律の統一的流れ」、「和音の類なき変転」といった特徴を認めてのことであるが、そこには、何よりもディオニュソス的なもの、個体化の原理の破壊の極致が認められるということが重要だというのである。そもそも、若き日のニーチェは、拍子を欠いた無限旋律（unendliche Merodie）と半音階的和声の多用によって陶酔的表現を目指すヴァグナーの音楽を通してこそディオニュソス的という美学的概念を把握したのであって、この概念こそが、彼の生の概念にとっての模範となるものであった。その生は、悲劇的で非合理的な側面をはらむもの、そのようなものとしてこそ真に創造的なものと考えられたものであった。

このディオニュソス的という意味での生概念を拠点として、ニーチェによる近代の合理主義への批判、キリスト教的、市民的道徳への批判、さらにドイツの知識人を支配していた教養主義的への批判が繰り広げられた。ディオニュソス的という概念にこそ、ニーチェ自身の、反時代的であってかつ時代を先取りする哲学的主題が鳴り響いていたのであった。

ヴァグナーとの決裂

『悲劇の誕生』においてヴァグナーへの心酔を表明したニーチェであったが、やがて決裂――と言ってもニーチェの側からの一方的なものであったが――を迎えた。一八七六年、バイロイトにおけるヴァグナーの成功がニーチェのなかに引き起こした反発のなかには、まさに、ニーチェ自身の概念である「ルサンチマン」の要素も混じっていたろうと思わせるものがある。ニーチェが書き立てているヴァグナー批判の内容にも多くの矛盾が含まれていてわかりにくいのであるが、しかし、ニーチェの思想を理解するためにも、興味深いものが多く秘められていることは確かなのである。

ニーチェのヴァグナーへの反発のなかで一番わかり易いものは、ヴァグナーの最後の作品『パルジファル』（一八七八年）に対するものである。それは、この作品が、カトリック的雰囲気に充満しており、従来のヴァグナーの芸術から逸脱してしまっているように見えるからである。このヴァグナーのキリスト教への回帰がニーチェにとっての裏切りと見えたというのは理解できることである。しかし、それに留まらず、ニーチェの矛先はヴァグナーの芸術全体、無限旋律さらに、ヴァグナーの人格全体に及んでいく。

まず、強調されることは、ヴァグナーは「俳優」であり、その芸術は効果ばかりを狙う偽物であって、ポーズだけのものである。デカダンであり、無力であり、民衆をたぶらかすだけの劇場 Theater の産物でしかないというものである。ここでは「民衆」という概念は Volk の訳語にせよ、Masse の訳語にせよかつてとは違って、下落してしまい、劇場でたぶらかされる対象でしかなくなる。さらに、ヴァグナーの脚本への攻撃と並んで彼の音楽そのものが攻撃される。「戯曲が目的であり、音楽は手段にすぎない」というヴァグナーの言葉が逆手にとられて、彼の音楽の無力さの証言であると攻撃される。しまいには、ヴァグナーはディオニュソス的芸術の位置から追放されてしまうのである。

ニーチェによるヴァグナー批判の一方の部分は脚本に対するものである。ヴァグナーの登場人物は堕落した近代の産物でしかなく、彼らはほとんどヒステリーであり、心酔者の自己犠牲によるヒーローの救済といった思想に基づいてでっちあげられた存在でしかないとこき下ろされる。さらに、ニーチェは、ヴァグナー攻撃の矛先を、その音楽の方にも向けるのであるが、ヴァグナーの無限旋律に関する記述を見てみよう。

最近の音楽が、現在、きわめて強く、しかし不明瞭に、「無限旋律」と名づけられているものにおいて追究している意図は、海に入って行って、徐々に底を踏みしめる確かな足取りを失い、ついには運を天にまかせて水に身を委ねるというように見れば、明らかにできる。人は泳がざるを得ないのだ。過去の音楽においては、人は、優美に、あるいは荘重に、あるいは情熱的に前進したり、後退したり、早くしたり、遅くしたりするという全く別のこと、すなわち舞踏をしなければならなかった。そのために必要な度合い、一定の均衡の取れた時間と力の程度の保持は、聞き手の魂から絶えざる思慮深さを強要した。……リヒャルト・ヴァグナーは別の種類の運動を欲した、彼はこれまでの音楽の生理学的前提をひっくり返した。泳ぎ、漂うのであって、もはや歩行するのでも、舞踏するのでもない。……無限旋律は、まさにすべての時間と力の均衡を破ろうとするのであり、時としては、この均衡そのものを嘲笑する。……このような趣味の支配から、これ以上考えられないような音楽にとっての危険が生じるだろう。リズムの完全な変質、リズムに代わる混沌が。……すべてを犠牲にしての効果ねらいとポーズに隷属し奉仕する音楽──これでお終いである。

(*ibid.* 1043、『ニーチェ対ヴァーグナー』)

この文章においてはヴァグナーの音楽に対する無理解と理解の両方が混じり合っているように思える──それにしても、かつてヴァグナーの無限旋律による表現に心酔したニーチェその人の発言であってみれば、この批判は困惑させられるとしか言いようがないが。

この、ニーチェによるヴァグナー批判については、二十世紀を代表する指揮者、ヴィルヘルム・フルトヴェングラーが、興味深いことを言っている。彼は、まず、ニーチェをワグネリアンと定義する。それは、朝焼けや森や霧をはらむ大気や山並み、そういった自然の事物の音楽的描写、また豊かな感情描写の表現にヴァグナーの特色を認めて、その観点から彼を賛美する立場なのであるが、フルトヴェングラーによれば、そもそも、それがヴァグナー理解としても表面的なのだということになる。彼の言葉を引用してみよう。

芸術作品とは、ニーチェが考えるように感情、激情、充溢、愛の行為に尽きるものではない。もちろんこのいずれのものでもあるが、芸術作品は、それ以前に、あるいはそれと同時に、いささか別のもの、すなわち有機体《オルガニスムス》なのである。……まず私たち自身が有機体であり、したがって一切の有機的なものに親近性を有している。どの芸術作品も、なんらかの仕方で宇宙の有機的生命に関わりあっている。[註2]

フルトヴェングラーは「偉大なものは単純である」という言葉を好んで使っていた

が、それは、偉大な芸術作品が必ず具現している有機的統一について語る言葉にほかならない。その観点からニーチェのヴァグナー批判を一蹴するのである。

ニーチェの生の概念と音楽

とは言え、ニーチェにはニーチェの側の事情もあるはずだ。ヴァグナー批判を通じて彼が獲得しようとした思想主題もあるはずなのだ。では、それは何なのか。答は、生の概念のニーチェ的完成に求められるであろう。

後期のニーチェにおいて、生は、しばしば舞踏という言葉によって表現されている。そうなれば、ここには、同じディオニュソス的といっても、かつての『悲劇の誕生』の段階での生、すなわち混沌のうちに生の充溢を見るのとは別の生の概念が要求されてくるということになるはずだ。ヴァグナーに代わって、ニーチェはビゼーの『カルメン』へ傾倒を明らかにするのだが、それは、あくまでも乾いた透明な空気のもとでディオニュソス的悲劇を表現した作品としてこれを評価するがゆえのことであった。ヴァグナーと比較して次のように語る。

清らかな処女の愛などではない。ゼンタ（『さまよえるオランダ人』のヒロイン）式の感傷ではない。運命としての、宿命としての愛、シニカルで、無邪気で、残酷な、したがって自然ですらある愛。手段に関して闘争であり、根底において両性の間の死にもの狂いの憎悪であるような愛。愛の本質をなしている悲劇的な冗談が、この作品を終結させるドン・ホセの最後の叫びにおいて程、強烈に表現され、恐ろしいまでに形態化された例を私は知らない。

そうだ、私が彼女を殺したんだ。
私が、最愛のカルメンを。[註3]

このタバコ工場で働くロマの女工と下士官との愛欲の物語には、ヒロインの自己犠牲による救済といったイデオロギーの介入する余地のない、生の実相が示されているということでしかない。現実をいささかの美化も割引もなしに受け止めること、これが、「永遠回帰」の思想のもとに生を捉えたニーチェの心を奪ったということは理解のできないことではない。そのためには、ヴァグナー流の無限旋律では具合が悪く、スペイン風の激しいリズムが横溢した『カルメン』の音楽でなければならなかったということになるだろう。

三　結論

ギリシア悲劇論をしながら、ニーチェ対ヴァグナーの問題の方に大幅にずれ込んでしまったが、これも、ギリシア悲劇が、近代哲学の場面でいかに吸収されたかを検討するためであった。ギリシア悲劇の西洋文化での位置は、このような広がりを持つものだったのである。

註

1　Friedrich Nietzche, *Friedrich Nietzche Werke in drei Bänden*, Herausgegeben von Karl Schlechta, Carl Hanser Verlag, Müinchen, Bd.2.1091、『この人を見よ』。
2　フルトヴェングラー(芦津丈夫訳)『フルトヴェングラー　音と言葉』(白水社)、一七四頁。
3　Nietzsche, Bd.2.907、『ヴァーグナーの場合』。

◉第六章

恋愛小説としてのプラトン対話篇

アリストファネス、プラトン

これから、いよいよ古代ギリシアの哲学者であるプラトンに進むことにしよう。誰もが知っているようにプラトンは古代ギリシアの代表的哲学者である。彼の著作は対話篇の形態を持っていて、そこには、主人公としての彼の師ソクラテスが登場して、周囲の人々との論戦を戦わせながら、彼自身の考えを語るようになっている。その内容が、プラトンの哲学と呼ばれるものである。そこにプラトンの人間や世界についての思想が語られるというだけではなく、その後、哲学的と呼ばれるような言葉づかいや論法により論述がなされているからである。取り分け、プラトンはイデアについて論じることが多いが、一体それは何なのか。そのイデア論を、プラトンは、イデアへの愛という形で行っている。イデアはともかく、愛ということになれば誰もが身に覚えがあることに相違ない。愛は、古代のギリシア人であろうと、現代人であろうと、人間一般に取り憑く問題であるに相違ないのだから。その愛についての見事な論述を含む対話篇がプラトンにはある。しかも、その論述が、プラトン哲学の中枢に分け入る内容ももっている。必読の書というにふさわしいのである。早速読み始めることにしよう。

一　イデア論

恋愛とギリシアの前提

ギリシア文化全体にとって、プラトンのイデア論の占める位置は、それほど明らかではない。プラトンの哲学が師ソクラテスから多くのものを受け継いだとは言え、当時ギリシアで人気のあったのは、むしろソフィストの哲学や自然哲学であったはずであり、ソクラテスはそれに対抗する議論を展開したということでは、むしろソクラテスは少数派であったということもできるのだし、プラトンがイデア論と結び付けている霊魂不死説なども、ギリシア本来のものというより、奇怪な新興宗教の類と見られかねないものなのである。しかし、ギリシア哲学史にとってということになると、イデア論の占める位置は大きなものであり、その影響力は西洋の文化の歴史全体に及んでいったことも事実なのである。では、そのプラトンのイデア論は、どのようにして成立し、どのようなものであるのか検討を加えてみよう。そのためには、プラトンの師であるソクラテスにまで遡る必要があろう。

ソクラテス

ソクラテス（図6-1）は、アテネが絶頂期を迎えた時代に生きた人物であった。紀元前四七〇年あるいは四六九年に生まれ、紀元前三九九年に処刑された。ペリクレスの時代と呼ばれるアテネの最盛期の時代を生き、ペロポネソス戦争におけるアテネの敗北も経験した人物である。彼自身は著作活動を行わなかったので、彼の哲学は、彼の書いたものから直接に知ることはできない。そこで、ソクラテスを主人公として登場させているプラトンの対話篇のような同時代人の著作から推測するしかない。その対話篇の一つで、ソクラテスの刑死の場面を扱った『パイド

図6-1　ソクラテス

ン』によれば、彼は、若い頃、アテネで評判が高かった自然哲学者で、アトム論の先駆者であるアナクサゴラスの説に興味を引かれたと言う。その理由は、アナクサゴラスが、この世界の万物はヌースすなわち理性によって秩序づけられていると言っていたからだというのである。そのように、ソクラテスは、人間の心同様に自然のうちにも合理的な秩序を認める考え方に共感したということになるが、しかし、アナクサゴラスが、太陽は真っ赤に焼けた鉄と石であるといったことを言っているのを見てすっかり失望したという。この太陽に関するアナクサゴラスの説は、隕石を調べて思いついた説だと考えられており、今日から見れば驚くべき卓見ということになるであろうが、しかし、ソクラテスは、当時の一般のギリシア人同様この方面の探求にはついて行けず、ヌースを専ら人間の心のなかにのみ求めていく道を選んだ。その傾向は、弟子のプラトンによっても引き継がれていった。その限りでは、せっかく芽生えた古代の自然科学的研究の萌芽が摘まれてしまったとも見られるかもしれない。しかし、ソクラテスのものであるにせよ、あるいはプラトンのものであるにせよ、不変の真理というものへの信念というものがあって、それが、イデアと呼ばれているものであることは事実なのである。ではそれはどのようなものなのか。

イデア論

イデアという言葉の語源は、「見る」とか「見える姿」「見える形」という意味のギリシア語である。プラトンの使用しているイデアという言葉の意味のうちにも、確かにこの見える姿という意味は残っていないわけではない。しかしまた、この見える姿という意味でのイデアに、プラトンは、肉体の目によって見るのではなくて、魂の目によってのみ見ることができるものという性格づけを行った。そこで、イデアは「観念」とか「理念」と訳されるのがふさわしいということにもなってくる。また、プラトンは、このイデアという言葉以外にエイドス（eidos）――「形相」と訳される――とか、ウーシア（ousia）――「実体」とか「真実在」と訳される――という言葉を使っている。いずれも私たちが肉体のうちに具えている感覚を超えた知性によって、私たちの知は支えられているという考え方を表している。

プラトンがあげている例に即して考えてみよう。たとえば、三角形について彼はこう語っている。私たちが見ている三角形にはさまざまなものがある。直角三角形もあれば、正三角形もある。そのいずれでもない三角形もある。また紙の上にざっと鉛筆で描いた三角形もあれば、石から切り出した三角形もあると言う具合に。しかし、それらのさまざまの三角形の背後に、私たちは三角形一般についての観念を持っているということが言えるであろう。それは、三つの辺、三つの角からなる図形についての観念というものであるが、どれか特定の三角形というわけではなく、どの三角形にも当てはまる三角形一般についての観念というものである。「観念」はイデアを語源とする英語のアイディア idea の訳語である。それゆえ肉体の目に見えるものではなく、私たちの心においてのみ見ることができるものを指す。確かに、私たちが幾何学の問題を解くような場合、鉛筆で雑に描いた不正確な三角形を用いてでも私たちは問題を解くことができる。それは、目で見える三角形を相手にしているからではなく、観念のなかの三角形を相手にしているからだと言えるようなことも、このことを例証しているることであろう。

三角形と同様に、私たちはたとえば人間についてのイデアももっている。私たちは平気で「人間とは」かくかくしかじかのものだなどと語っているが、実際に体験して知っているのは、具体的な個人としての太郎さんであり、花子さんであり、今しがたすれちがった男性あるいは女性でしかないはずである。だから、「人間とは」などと語っている時には、私たちは、経験によって知ることができた諸個人を超えた人間のイデアについて語っていることになる。しかも、この場合、イデアの方が真実であり、私たちが目で見、耳で聞き、手で触れることによって知っている知識の方は真理とは言えない、少なくとも、イデアの影のごときものであると主張するところがプラトンの特徴である。それが、二世界論と呼ばれる考え方である。

このイデア論は、当然のごとく倫理的実践の場面にも転用される。ソクラテスの時代人気のあったソフィストのプロタゴラスの「人間は万物の尺度である」という説を、善悪の場面に当てはめたら、善も悪も、人次第ということになって、正義も道徳も崩壊することになってしまうであろう。プラトンの『国家篇』という対話篇には、「正義は強者の利益である」と言って憚らないトラシュマコスという論客が登場するが、まさにその通りになってしまうであろう。それに対して、同じ対話篇で、ソクラテスは善というものが不変性を具えたものとして存在すること、その善が何であるかを人間は知ることができるということを力説するのである。その善についての知こそ善のイデアにほかならない。

イデアがそのような不動の真理、不動の善を保障するものということになれば、その哲学において果たす役割は絶大なものとなろうが、しかし、同時にイデアの役割がそのようなものとされれば、その役割の重要性はわかるとしても、同時に随分窮屈なものとも見られるかもしれない。しかし、プラトンがしばしば神話の形で語るイデア論にはもっとしなやかに善悪、真偽の問題について語っているもの、豊かな内容をもったものがあると言えるのである。今度はその側面から、すなわち、イデア論を、私たちを、知の原点、美の原点、生の原点へと誘っていくような、豊かな内容をもつものという観点から検討してみることにしよう。

想起説

何か非常に大切なことを知るということは、私たちがほかならぬ自分自身を見出すことだということ、そのようなことは多くの人が体験することではないだろうか。その知には、認識についてのいわゆる観念論の起源という意味が認められるかもしれない。さらに進めて宗教的な悟達の境地を語ってもいるとも、真正な芸術的体験が認められるとも言えるかもしれない。

観念論という言葉は、英語ならアイディアリズム idealism である。当然この言葉はプラトンのイデア idea に由来する言葉であって、私たちの認識は、感性的経験からではなく、生得の観念によって成立するという考え方を指す。これに対立するのが、経験論 empiricism である。経験論は、私たちの知識の源泉を、見たり聞いたり触ったりする感性的経験に求める。近世イギリスの哲学者ジョン・ロック（一六三二－一七〇四）は経験論哲学の代表者として知られているが、彼がその経験論について次のように鮮やかに説明している。それによれば、私たちの心というものは、初めは「白紙」の紙の状態だったが、それに感性的経験から得られた言葉が書き記され、そのことによって私たちの知識や観念が形成されるというのである。近代科学が何よりも感性的経験から得られた知識を重視することによって発展してきたという歴史的事実を踏まえて、経験論こそが科学的であるという見方もないではないが、しかし、その逆の考え方もある。デカルト（一五九六－一六五〇）のような哲学者は観念論を代表する哲学者であった。科学的探究のためには、普遍概念が必要であり、特殊をこの普遍から演繹する手続きこそ、研究の正しい方式であるというのがこの考え方である。数学および、数学が適用された物理学がそのような例として挙げられるのは当然だが、それ以外に二十世紀における新しい言語理論、たとえばアメリカの言語学者、チョムスキーの「変形生成文法理論」などをあげることもできるだろう。チョムスキーによれば、私たちの言語習得は幼児期の受動的な経験からだけでは不可能であって、生得的な能力としての言語を扱う枠組み（スキーマ）を基礎とすることがどうしても必要だというのである。だから、幼児が言語を習得するということは、成長過程で自らの文法処理能力という生得能力に目覚めることを意味することになる。確かに周りに言葉を扱う大人なしには幼児の言語習得もないだろうが、経験だけでは説明のつかないような爆発的な能力の開発が言語習得の過程には介在していることは幼児を観察していれば誰にも知られることであろう。

今日、私たちの心の能力に関して、「それは遺伝子に書き込まれていた」といった表現をする場合があるが、そこにも、観念論の現代的表現が認められると言えるかもしれない。

さらに、このことは、宗教的、哲学的考え方にも及ぶ。たとえば次の道元の言葉の意味するものなどそう言って良いものであろう。

仏道をならふといふは、自己をならふ也。自己をならふといふは、自己をわする

るなり。[註1]

ここには自己の本来あったものへの回帰という形で、探求の道があることが示されている。それとともに、深刻な芸術体験などもこのイデア論によって説明できるであろう。真実の芸術的経験というものは、単に感覚の享楽に過ぎないようなものではない。幼児期以来の私たちに経験された知の源泉を心に甦らせることにほかならないのである。まさに、それは私たちの心の原郷への回帰ということと重なるものであるはずである。そう、この原郷への回帰を問いただすこと、それへの愛を問いただすことこそが哲学の本来の使命であることを、プラトンのイデア論は示していると言えるのである。

そのようなことを踏まえて見ると、改めて私たちは、プラトンの対話篇において愛について述べた箇所が多く存在していることに気づかされる。愛の神エロスについて語った文章を多く見かけることができるということである。そこで、次のような、古今和歌集の歌を評した萩原朔太郎の文章にも出会うことになる。

大空は恋しき人の形見かは物思ふごとに眺めらるらむ

恋は心の郷愁であり、思慕のやる瀬ない憧憬である。それ故に恋する心は、常に大空を見て思ひを寄せ、時間と空間の無窮の崖に、抒情の嘆息する故郷を慕ふ。恋の本質はそれ自ら抒情詩であり、プラトンの実在《イデア》を慕ふ哲学である。（プラトン曰く、恋愛によってのみ、人は形而上学の天界に飛翔し得る。恋愛は哲学の鍵であると。古来多くの歌人等は同じ類想の詩を作っている。…しかし就中この一首が、同想中で最も秀れた名歌であり、縹渺たる格調の音楽と融合して、よく思慕の情操を尽くしている。）

（萩原朔太郎『恋愛名歌集』）

この古今集の恋歌に付した萩原朔太郎の評釈が明らかにするものは、プラトンのイデアという哲学的概念と恋愛とを結びつける考え方が、この日本の近代詩人にとっても自明であり、かつ魅力を持ったものであったようだということである。そこで、本書では、プラトンの対話篇を恋愛小説という観点から捉えて論じてみよう。

二　ギリシア文化とエロス

ギリシア文化と恋愛

この節では、古代ギリシアにおける恋愛観というものがテーマとなる。恋愛は、古代ギリシア文化において、欠かせないものであった。それは、ホメロスの『イリアスとオデュッセイア』が扱うギリシアとトロイアとの間の戦争がトロイアの王子パリスとスパルタ王妃ヘレネとの間の恋から始まったとされていることが、また、ゼウスを初めとしたギリシアの神々の奔放な恋愛が物語るものだったと言えよう。そのことは、そのようなホメロスの描く神々の行状に懐疑的であったプラトンとても同様であった。プラトンにとって、エロスという概念はきわめて重要な概念なのである。

エロスは、ギリシア神話上の神であり、諸説あるが、最も一般的な説としては、美の女神アプロディテーの子供ということになっていて、人の心に愛欲を引き起こす神であるとされている。人が愛欲に捕らわれた時、ギリシア人は、エロスの神の放つ矢に射られたからと解釈したのである。ただ、プラトンの独自性は、そのエロスを彼の中心思想であるイデアに結びつけたことである。その詳細に移る前に、前章で検討した演劇との関連で、ここではギリシア喜劇の作家アリストファネスを登場させてみたい。アリストファネスは、プラトンがエロスについて論じた対話篇『饗宴（シンポジオン）』で不思議な役回りを演じているのである。

今日、盛んに行われているシンポジウムの語源はギリシア語のシンポジオンである。それは、皆で集まって、酒を飲みながら議論を戦わすということであった。今日ではシンポジウムの間は酒が飲めず、それは、終わってから後の懇親会まで待たなくてはならないということになっているようであるが、古代ギリシアでは様子が違って、プラトンの『饗宴』という作品は、悲劇作家のアガトンの邸宅で開かれたシンポジオンの場面で、アテネの市民たちが、酒を酌み交わしながらエロスとは何かについて議論した模様を描いたものとなっている。それは、何人かの論客が自分のエロス論を開陳した後、プラトンの先生であるソクラテスが登場し、独自のエロス論を展開して締めくくるという構成になっている。そのなかで喜劇作家のアリストファネスが何とも突飛な話をするのである。

三　アリストファネスとエロス

球状人間

アリストファネスによると、昔、人間には男と女だけではなく、男女両性を具有していたものもあったというのである。そもそも人間の姿も今のようではなく、全体は球形をしていて、周りは背中と横腹からできており、手を四本、足を四本持ち、顔も同じものを二つ持ち一つの頭を載せていた。耳は四つ、隠し所は二つあったという。それは、およそ今の人間の倍もあるのだから、大変強力な存在であって、かつその気性も驕慢であった。そこで、神々を困らせることもあったので、神々の長《おさ》であるゼウスは、悩んだ末、彼らを二つに分けてしまおうと決心した。そうすれば、彼らも弱体化するだろうと思ったわけである。その結果、今見るような人類が登場したという。しかし、この半分に分かたれた存在は、本来自分一人だけで居ることが難しく、分かたれる以前の自分の片割れを求めざるを得ない。ただ、球形の存在であった時、男・女である存在以外に、男・男という存在と女・女という存在もあった。そこで、もとが男・女の場合、そこから分かれた男は女を恋い慕《した》い、そこから分かれた女は男を恋い慕う。しかし、女・女から分かたれた片割れの女の場合、男には見向きもせず、女ばかりを恋い慕う。また男・男から分かたれた片割れの男の場合、女には目もくれず、男ばかりを恋い慕うというのである。

古代ギリシアでは同性愛が盛んであったというが、そのことはこのような所にも現れているのであろう。それにしても突飛な話であるが、私たちは一人一人では片割れに過ぎず、頼りなく相手を求めていく存在でしかないというとらえ方は、人間を支配するエロスの力、愛欲の力、性欲の力を巧みに表現した話であると言えるのかもしれない。二十世紀になって、心理学者のフロイトは、彼の著作のなかで注目すべき話としてこの話を引用しているほどである。アリストファネス自身の結論は、世の中では、まだ、恋の力が充分に認識されていない。だからエロスにもっと壮大な神殿を建ててやったり、壮大な儀式を執りおこなったりするべきだというものであった。

『女の平和』

アリストファネスの話が出た所で、彼の作った喜劇作品にも言及をしておこう。古代アテネのディオニュソスの大祭においては、悲劇と並んで喜劇も上演されたのである。喜劇はギリシア語ではコモイディア komoidia であり、もちろんコメディーの語源である。では、その喜劇の特徴はどんなものであったのか。それは、今でも変わりはない。難しいこと、深刻なこと、おつにすましたことを並べても人は笑ってくれない。ここでも、アリストテレスが『詩学』で語っていることを引用すれば、「喜劇は、普通の人よりもどちらかというと下劣な人々を模倣して再現するものである」(『詩学』1449a32)ということになる。

観客を笑わせるためには、野卑なものや個人攻撃の類を前面に出し、人の弱み、世の中の歪みを遠慮なく暴露しなければならない。糞尿譚や、セックスに関するあけすけな表現が横溢しているのも喜劇の特徴である。アリストファネスの作品のなかにもそのようなものはあるが、しかし、また彼は自作のなかでただ御下劣なことを並べるだけの喜劇を軽蔑してもいる。そう、アリストファネスの作品こそ、喜劇というものを、悲劇にも劣らぬ高度の芸術作品に高めたものなのである。彼の作品のなかには、野卑な笑いに通じるものもあるが、同時に、いつも高い知性の裏づけがされてもいる。豊かなファンタジーにも満ちている。笑いというものが、どれほどの、人間の生命力と知性の柔軟さに結びつくものであるかがここで示されていると言えるのである。

悲劇と違って、喜劇においては同時代の事件が素材とされたようである。アリストファネスの活躍した時代は、まさにペロポネソス戦争の真っただ中である。アテネには取りあげるべき題材が満ちあふれていた。アリストファネスは戦争に反対の立場であった。そこでタカ派の扇動者であったクレオンなどは、彼の作品のなかでこっぴどくやっつけられているし、ペリクレスに対してさえ厳しい目が注がれているほどである。戦争がいかに国民を苦しめているかを訴える言葉がしばしば見つかる。しかし、そこは天才喜劇作家である。当たり前の「反戦劇」など作りはしない。実に奇想天外な反戦劇を作ったのである。それが、『女の平和』である。

『女の平和』は、紀元前四一一年にアテネで上演された。ニキアースの和平も崩れて再び戦争に突入した時代でのことである。シシリー遠征にも失敗し、アテネにとって暗澹たる時代にこの作品は書かれたのである。

舞台が始まると、明け方、アテネ市民の若妻であるリュシストラテがアクロポリスの正門の前に登場する。やがて、他のアテネの人妻や、敵側のスパルタの人妻、他、多数の女たちが集まってくる。そしてリュシストラテの提案をめぐって議論が始まる。その提案とは、男たちが長年戦争を続けているのにあきれはてたから、何とかこれを止めさせるために、全ギリシアの女たちに呼びかけて性生活をボイコットさせ、それによって男たちに音を上げさせ、和平に持っていこうというものであった。

戦争に苦しめられているのは、女たち、皆、同じことと話は決まるが、いざ実行となると、そう簡単にはゆかない。男恋しさに脱走を企てる女も出てくる。それを何とか押さえていると、今度は一人の男が、妻恋しさに女たちが閉じこもっているアクロポリスにやってきて、自分の欲望に応じてくれるようにと妻に懇願する。しかし、その妻に、さんざんじらされた上で、きっぱりと拒絶されてしまう。そうなると、その方の欲望を満たされない男たちが、妙な格好をして次々にアクロポリスに押し寄せてきて、大騒ぎとなる。男たち、皆、そちらの欲望で何も手につかないというのである。まさにアリストテレスも言う通り、喜劇は「普通の人よりもどちらかというと下劣な人々を模倣して再現するもの」である。そうこうしているうちに、アテネとスパルタの双方から使節がやってきて和平を結ぶことになる。そこで、アテネ人もスパルタ人も、永遠の友誼を誓って歌い出し、目出度し目出度しとなる。

この作品には、猥褻な内容、猥褻な表現も横溢しているのであるが、古来、むしろ、その、はじけるように健康な生命力や、柔軟な人間理解、才気溢れる表現が讃えられてきた。エロティックなものの力を借りて、この世界の表向きの秩序をひっくり返してみせる。これも、また、最盛期のギリシア人がなしたことなのである。

四　プラトンのエロス論

『饗宴』におけるエロス論

また再び、プラトンの『饗宴』のエロス論にもどろう。エロス論を展開する論者たちのなかには、エロスは古い高貴な神であり、愛欲にかられる者たちを名を惜しむ者、相互に和解し合う者とするのだから、道徳的見地から見てすぐれていると褒め称える者もいたし、また、エロスにも悪いものと良いものとがあり、良いエロスに従う必要があると忠告する者もいた。さらに、健康上の観点からエロスの効用を説く者もいたし、エロスは何よりも美しい神であると説く者もいた。それらの意見が開陳された後に、いよいよソクラテスが自分の見解を、これは昔ディオティマという女性から聞いた話だという断りを入れた上で、語り出した。

ソクラテスのエロス論の第一の特徴は、他の論者とは異なって、エロスを神ではなく、「中間者」として規定していることである。それは、死すべきものと不死なるものとの中間にあって、ダイモーン、後のヨーロッパの言葉で言うデーモンと名づけられるものだという。さらに、ソクラテスは独特の神話解釈を行う。それによると、エロスはアプロディテーの子供ではなく、彼女の誕生を祝って神々が祝賀を行った時、ペニアすなわち貧乏という女神がポロスすなわち富裕という男神に懸想し、これと交わって身ごもった結果できた男子であるというのである。古代ギリシアでは貧乏神は女神だったということであるが、いずれにせよ、そこで、エロスは生来美しいものに恋するようにできてはいるが、自分自身の姿は母親から受け継いだ性質によって「こわばった身体で、干からびて薄汚く、裸足で宿無し」[註1]（203D）といった有様である。しかし、父親の血によって美しきものを狙う者、勇気があり、努力し、工夫する者でもあるという。また、命の花を咲かせる時もあるが、母親の血が災いしてすぐに死んでしまいもする。しかし、富裕であるという父親の性質によって再び生き返ることができる。不死と死すべきものとの間にあるというのはそういうことだという。だからエロスは欲しいものを手に入れることもできるが、すぐに失いもする。困窮もしないが、富みもしないというのである。

　この美しいものへの愛は、ソクラテスのエロス論のなかでは、やがて知への愛に移行させられてゆく。そこで、エロスが、自分自身完全な知者であるならば、知を求める必要もないであろう。しかし、また、全くの無知蒙昧の輩であるなら、知を愛したり、知者になることを熱望したりもしない。中間者であればこそ、知を恋い求めるのだと言われるのである。そして、結論は、「エロスとは、よきものが永遠に自分のものであることを目指す者」（206E）であるとされる。こうして、エロスの本性についての探究は、プラトン哲学の中枢をなすイデア論へと進んでいくのである。

プラトンにとって、真理はイデアと呼ばれているものである。これは、他に、エイドスすなわち形相とか、ウーシアすなわち真実在という言葉で表現されることもある。いずれにせよ、それは私たちの五官によっては捉え難い不可視の領域に属するものとされている。このイデアに関する知識について、プラトンは次のような印象的な説明をしている。それによると、私たちの魂は、もともとはイデアの国に住んでいた。そこで、当然イデアについての知識を持っているのであるが、肉体をまとってこの世に生まれてくる時に、その記憶を全く失ってしまった。したがって、私たちは幼児の間は何も知っていないように見えるというわけなのである。しかし、その失われた記憶も甦る時はある。それこそが、私たちがイデアを知る時であるという。したがって、私たちがものを知るというのは、五官を通じて私たちの外にあるものを知ることを意味しないのであって、本当は、私たちの魂がもともと知っていたことを想い出すことだという。これがすでに見たように魂の想起説と呼ばれているものである。

この説明は、認識過程の観念論的説明の古典的定式化の例とみなすことができるものである。私たちの知識の成立を生得観念にもとづいて説明する方式の最古の形がここに認められると言える。しかしそれにしても、プラトンによる、神話的説明をまじえた論述は、しばしば、冷静な哲学的論述という水準を越えて、奇妙なほど感動的、文学的なものとなってゆく。その思想の中心に、私たちの心には、魂の真の故郷、原郷というべきものを恋い慕うという傾向が根強く存在するという考え方があるからであろう。それが、エロス論として、すなわち、誰もがとらわれる愛欲というものに引きつけた理論として展開される場面があるのである。今度は、この愛欲についての分析を、同じプラトンの対話篇である『パイドロス』を通じて検討することにしよう。

五　『パイドロス』

恋についての対話

プラトンの『パイドロス』も、ソクラテスを主要な登場人物とする対話篇である。

題名にパイドロスとあるのは、この作品ではソクラテスの対話の相手がパイドロスというアテネの若者であることによる。ソクラテスとパイドロスは、アテネ郊外のイリソス川のほとりでエロスをめぐって語り合うのである。

まず、話は、パイドロスが、朝のうちにリュシアスの所で時間を過ごしてしまったと報告する所から始まる。リュシアスは、当時アテネで評判を取っていた「弁論術」の大家であるのだが、パイドロスは、そのリュシアスの説く話にすっかり感心している様子である。その内容は、エロスについての話であったという。

そこでパイドロスは微妙なことを語り出す。リュシアスによると、人は、自分を恋している相手にではなく、恋していない相手にこそ身をまかすべきだと説いたというのである。ここで、この身をまかす云々について断っておく必要があるだろう。これは、プラトンの場合、異性間の恋ではなく、同性間の恋であるからだ。古代ギリシアにおいて同性愛が盛んであったことはすでに指摘しておいたが、『饗宴』における恋も『パイドロス』における恋も同性間のものであった。さて、その、恋していない相手にこそ身をまかすべきだという主張であるが、それに対するリュシアスの理由づけは、恋をしていない人が相手によくしてやるのは、「恋の力に強制されるのではなく」、みずからの自由意志によって行うから、相手に最善をつくすことができる。しかし、恋している人々の間では、恋愛感情の盲目性により、欲望がさめた時に相手に尽くしすぎたと後悔したり、恋するあまり道を誤ったり、前の恋人に対しての尽くし方と新しい恋人に対しての尽くし方の違いが問題となったりで、冷静、客観的に振る舞うことができないというのである。

この理屈がパイドロスを感心させているようなのであるが、それに対してソクラテスは明らかに懐疑的である。そして、恋をしている人の状態がどんなものであるのかという問いを立てる。ソクラテスは、それが病気の状態であることを認める。その上で、リュシアスの場合は恋していない人の思慮深さを讃《たた》え、恋している人の愚かさを非難するという結論を出しているのであるが、しかし、そうだろうかと、ソクラテスは問う。ここから、恋がそもそもいかなるものであるのかの検討がされるのである。

まず、ソクラテスは、恋が「欲望」であるということを認める。しかし、恋していない者でも、恋している者同様に、美しい人に対して欲望をもつものであるということを指摘し、その上で、恋している者と恋していない者との区別はどこにあるのかと問う。

その際、ソクラテスは、一般的に見て、私たちの心を支配する力に二つあることを指摘する。一方は、「生まれながらにそなわっている快楽への欲望」であり、他方は、「最善のものを目指す後天的な分別の心」である。この両者は、お互いに共存する場合もあるが、争う場合もある。争いのなかで快楽への欲望が勝利を得てしまえば、「放《ほう》縦《しょう》」に陥るし、分別の心が勝利をおさめ、理性によって私たちが最善のものへと導かれれば、この勝利には「分別」という名が与えられる。そうなれば、後者の分別の方が賞賛されるのは自明のことのように見えるかもしれないが、そう簡単にはなっていない。話は、まだ始まったばかりなのである。今見たように私たちの心を支配する二つの力が示され、さらに、分別の心を打ち倒して、「美への快楽」によって導かれ、ひたすら肉体の美を目指す欲望がエロスと呼ばれているという定義がなされるのであるが、その上で、改めてエロスに囚われた者のたどる姿が克明に描かれていき、話は思い掛けない展開を見せる。

まず、ソクラテスが取り上げるのは、欲望に支配され、快楽の奴隷となり、かつ恋している者の場合である。そのような人は、できるだけ恋人を自分に都合良いものとして手許に置いておきたいと思うであろう。そのためには、恋人が、自分よりすぐれていたり、同等であったりすることに我慢がならない。いっそ自分より劣った存在であることを求めさえするようになるであろう。そのように、恋する者は嫉妬深い。恋人を、本人に役立つようなあらゆる交際から遠ざけようとする。とりわけ、英知を高めるようなことに関わりを持たせまいとする。すべての点で自分より下に置こうとするのである。しかし、そうなれば、恋される相手にとっても、やがて恋する者は厭わしい存在でしかなくなってくる。こうして恋が続いている間有害で不愉快であった男は、自分の方でも恋がさめてしまった時には、不実な人、過去の負担からの逃亡者という悪しき者になりかねないというのである。

恋の狂気

このあたりのプラトンの叙述は、いかにも穿《うが》った恋愛心理の描写と言えるのであって、このような状態におちこんでいるカップルの例は私たちの身近にもたくさん見ることができると言えそうである。かなり悲惨な愛欲のもつれの例であると言えるであろうが、また、ここに恋のはらむ狂気の側面への洞察が示されていることも確かなようである。それでは、恋をすることは悪ということになってしまうのだろうか。否、そうではないとソクラテスは断言する。恋の狂気が悪であるということになれば、リュシアスの発言が正しいことになってしまうが、そんなことがあるはずはない。エロスも神の子なのだ。この対話篇では『饗宴』とは違って、エロスはアプロディテーの子となっているが、それが尊いものでないはずはないとソクラテスは言うのである。

そもそも、狂気、狂気というと一方的に悪いことのように言うが、私たちの身に起こる多くの善いことのなかの最も偉大なものはその狂気を通じて生じるものではないかとソクラテスは指摘する。神から授かった狂気というものもあるはずだ。デルフォイの巫女が神懸かりになって正しい予言をすることや、ムサの神（芸術の神）から授けられた狂気によって、詩人が詩作する例がそれである。こう言った上で、恋についての考察が新たに展開されていく。

恋が神から与えられる狂気であるというならば、そのような恋をする魂というものがそもそもいかなるものであり、いかなる経験をするのかという所にまで遡って考えなければならないであろう。そこで、ソクラテスは、魂は自分自身によって動かされるもの、そのようなものとして動いて止まぬもの、したがって、不死のものであるという彼独特の説を示してから、この魂について、たとえ話を使って説明する。

ソクラテスは、魂に似たものの姿は、翼をもった二頭の馬と、手綱を取るこれも翼をもった御者とが一体となって働いている馬車の姿にたとえられると言う。神々の場合、馬も、御者もすべて善き者であろうが、人間の場合はそうはゆかず、善悪が混ざり合っている。一方は「資質も血筋も」美しく良い馬であるが、片方はそうではない悪い馬であるというようにである。ところで、翼というものは魂を高みへと引き上げていく性質を持つものである。神にゆかりのあるもの、美しきもの、知なるもの、善なるものによって、魂の翼ははぐくまれ、成長する。神々の操る馬車の場合、馬も御者もすべてが善い者であるから、翼によって、世界そのものである天球高くに昇り、ついには天球の外にまで上昇することができる。天球の外において位置を占めているものは、真実の存在、色なく、形なく、触れられることなく、魂の導き手である知性だけが見ることができるもの、すなわちイデアである。これを見ることは限りない喜びであり、至上の幸福であるはずである。

しかし人間の魂の場合、もう一方の悪い馬を引き連れているから厄介なことになる。それでも、日頃神に良くつき従っている魂の場合、馬たちにわずらわされつつも何とかイデアを垣間見《かいまみ》ることができるであろうが、しかし、その他の魂たちは混乱のなかに置かれ、ある者はそこで深く傷つくことになるであろう。真理を知ることなくドクサすなわち思い込みの知識に留まったままの魂も数多くいるというのである。

魂が人間の身体に宿っている限りは、その人は、一度はイデアを見たことがあるはずだとソクラテスは言う。しかし、どこまでもそのイデアの知を愛し求める人、さらにそれを想い出すことができる人は限られている。そこで、イデアを見ることは「秘儀」の類となってくる。そのような秘儀に専心し、世の中の「あくせくとした営み」を忘れてしまった人、そこで真の哲人と呼ばれる人は狂気の人ともみなされるであろう。しかし、それこそが、「恋する人」の真のあり方にほかならない。なぜか。ソクラテスの説明は続く。

イデアのうちには、正義とか節制という抽象的観念もあるが、それらはぼんやりとした印象しか人に与えない。しかし、美の場合はちがう。それは燦然と輝いて私たちの心を捉えるものとしてあるとソクラテスは言う。視覚は肉体を介して受け取る知覚のなかで最も鋭いものだからだというのである。そして、この美のイデアの観念は、美しい肉体を持った人を見て呼びさまされる。その場合でも、すでに堕落してしまった人の場合、その対象に対しては、ただ動物的欲望しか感じないであろうことをソクラテスも認めるのだが、「秘儀を受けたその経験がまだ新たなる者」、多くの「イデア」

を充分に感じ取った者の場合は違う。そのような者が、「美をさながらにうつした神々しいばかりの顔だちや、肉体の姿など」を目にする時には、まず、おののきが彼を貫き、秘儀を受けた時の畏怖の感情が幾分かよみがえって彼を襲う。ついで、「その姿に目をそそぎながら、身は神の前にあるかのように、怖れ慎む」（251A）と言われ、さらに、その愛する人に神に対する如くに生け贄を捧げようとするとか、その姿を見つめていると「異常な汗と熱」とが出てくるという言葉が続く。そして、その熱によって、魂のもともと翼が生えていた所、今はもう干からびてふさがってしまっていた所が溶かされてくるのだが、そのむずがゆさは、ちょうど、歯の生え始めてきた頃の歯茎のむずがゆさと同じだというのである。

まさに、一目惚れの恋、初恋の味の表現である。これ以降、さらに延々と恋の感情描写が続く。愛人から引き離された魂の懊悩は次のように語られる。

魂は、味わったこともない不思議な感情にいたく惑乱し、なすすべを知らず狂いまわり、そして狂気にさいなまれて、夜は眠ることができず、昼は昼で一ところにじっとしていることができず、ただせつない憧れにかられて、美しさをもって

いるその人を見ることができると思うほうへ、走っていく。（251E）

さらに、恋する人の熱狂ぶりについては次のように語られる。

この世の何びとをも、この美しい人より大切に思うようなことはない。彼は、母を忘れ、兄弟を忘れ、友を忘れ、あらゆる人を忘れる。財産をかえりみずにこれを失っても、少しも意に介さない。それまで自分が誇りにしていた、規則にはまったことも、体裁のよいことも、すべてこれをないがしろにして、甘んじて奴隷の身となり、人が許してくれさえすればどのようなところにでも横になって、恋いこがれているその人のできるだけ近くで、夜を過ごそうとする。（252A）

このように恋の感情が激しいものであるため、ゼウスに従うような「出来た」人間ならば何とか堪えられるであろうが、戦争の神であるアレスに従うような荒っぽい者が、恋する相手から悪い仕打ちでもされようものなら、我が身もろとも恋の相手も血祭りに上げてしまうであろうなどと物騒なことも書かれている。しかしこの恋愛感情の描写のなかでも、取り分け切迫したものは、知への愛と肉への愛との相剋についてのものである。

プラトニックラブ

すでに見たように、魂は二頭の馬に引かれた馬車にたとえられた。そして、御者が恋心をそそられるような相手に出会った時、一頭の善い馬の方は、慎みの念によって抑制されるけれども、他方の質の悪い馬の方は、すぐに情欲を遂げようと相手に挑みかかろうとすると言われる。御者の方は、二頭の馬同士の争いのうちで、恋心をそそる相手を間近で見た時、彼の記憶は「美の本体」、すなわちイデアに立ち帰り、「怖れにふるえ、畏敬に打たれて、仰向けに倒れ」(254B)るので、おかげで二頭の馬はしりもちをついてしまう。善い馬の方は、「はじらいと驚き」のため汗まみれとなるが、悪い馬の方は、善い馬と御者に罵声を浴びせ、なお情欲を遂げようともがく。しかし、ついには、その馬も御者の言うことを聞くようになるといったことが語られるのである。

このように、美しき相手をめぐって、肉体的欲望に駆られる側と、この相手に対して、相手の人格の向上、知性の完成に尽くすように努めようとする知的な側との両側面が魂に生じ、葛藤を続けると言われる。有名な「プラトニックラブ」は肉体の交わりを一切伴わない愛のことを指す。だから、『パイドロス』では全くその肉欲が否定されているかというと、そうでもなさそうなのである。善い馬の方は、あくまでも慎みを貫こうとするが、しかしまた、「もしのぞまれたなら、身をまかせて、自分としてできるかぎり、この人を喜ばせることも拒まないだろうという気持ちにまでなる」（256A）とか、「当然のなり行きとして、ほどなくそういったことをする」（255E）という記述が見られるからである。とは言え、あくまでも、この恋は、相手の人格を高め、「秩序ある生き方」へ、「知を愛し求める生活」へ二人を導くことを最大の課題とするものとされるのではあるが。

これがソクラテスの語るエロスの、恋の狂気のあらましである。これに比べれば、リュシアスの語るような、恋していない相手に身をまかせるといった愛、狂気を伴わぬ愛などは、「この世だけの正気」、「けちくさい奴隷根性」の産物に過ぎないということになるという次第である。このようなことは、異性間の恋愛の場合でも言えることなのかもしれない。いずれにせよ、プラトンの叙述において、いかにも顰《しか》め面《つら》しい恋をめぐる哲学的論議が古代最大の恋愛文学とも言うべき表現に変貌していく様は圧巻と言うべきであろう。

註

1　訳文の数字とローマ字表記は、ステファヌス版のものに従っている。また、訳文は基本的には藤沢令夫訳『パイドロス』（岩波文庫）に負っている。

第七章

ギリシア文化の影響力　遠近法の歴史

起源はルネッサンスかギリシアか

本章では、古代ギリシアと遠近法の関係について考えてみたい。遠近法というのは、絵画技法として三次元的奥行空間を現出させる方法のことを指す。それと古代ギリシアの文化との関係を明らかにし、そのことが含む哲学的含意を探り出そうというのである。まず、そのために、古代ギリシアにおいて遠近法的な奥行を持った絵画が描かれたこととともに、遠近法的な見え方なり遠近法的な絵画について論じられてもいたということを明示する必要がある。

普通、遠近法というとルネッサンスと結びつける。ルネッサンス絵画にとって解剖学と並んで、遠近法技法の確立が重要な要件であったことは余りにもよく知られたことである（図7-1）。

数学的合理主義と実証主義的精神として示されるような、ルネッサンス期のイタリア諸都市を中心にして展開した新たな学問傾向が、このルネッサンス遠近法の技法と深く結びついていることは言うまでもない。パノフスキーの主張するように、無限についての観念がこの時代に成立したということも欠かせない条件であったであろう。しかし、遠近法の起源について検討していくと、遠近法の成立時期を簡単にルネッサンス期であるとは断定し切れない事情があることも認めなければならないのである。というのもすでに、古代ギリシアの時代に遠近法的な奥行き表現を見ることができるからである。一世紀のポンペイの壁画(図7-2)における風景描写が、すでに遠近法的なものであることは誰も否定できないであろう。そしてこのポンペイの壁画にはギリシア美術の影響が大きいと考えられてい

図7-1 レオナルド・ダ・ヴィンチ『最後の晩餐』

る。とは言え、ルネッサンス研究で名高いパノフスキーなどは、これも正式の遠近法とは認めていない。彼によると、ここに見られる遠近法的奥行は部分的なものであって、ルネッサンス遠近法に認められるような無限空間が画面全体を支配するということが無いからということになる。それに伴うかのように、ポンペイの壁画では二本の平行線の無限遠点での一点への収斂という、線遠近法の原則も明確に採用されているわけではない。

しかし、これも二十世紀の高名な美術史家ゴンブリッチの場合となると、このような作例を踏まえながらも、遠近法の起源を古代ギリシアに求めるという逆のことが見られるのである。その際、彼は、プラトンにも言及する。

プラトンは、『国家』第十巻で、有名な芸術批判をしているが、そこで、絵画については、真理、すなわちイデアが二重に模倣され

図7-2　ポンペイの壁画

たものに過ぎないという理由で貶めている。その際、寝椅子が例にあげられている。それによると、まずイデアとしての寝椅子がある。これこそ真理と呼べるものであるのだが、これはまた、私たちの目に見える世界を越えた観念の世界にあるものだという。次に、私たちが手で触れ、肉眼で見ることができる現実の世界の寝椅子が問題となるのであるが、プラトンによると、これはイデアの世界の寝椅子が模写されたものでしかないとされる。そうであるから、すでに真理とは言えないものである。そして最後に、絵に描かれた寝椅子の番だが、これは、イデアが模写されたものにほかならない現実の寝椅子をさらに模写したものにすぎないのだから、ますます真実から遠ざかってしまっているものということになる。だから、真理からは二重に遠ざかったものであって、価値のないものとみなされるのである。プラトンによって、このような批判的主張がされる文脈において、かえって絵の技法についての立ち入った考察がされている所が興味深い。というのも、そのことが、遠近法がギリシア起源であることを物語っていると言えるからである。

さらに、プラトンは寝椅子を例に取り上げて次のようなことを言う。この寝椅子を正面から見ようと、横から見ようと、斜めから見ようと、寝椅子は同じ寝椅子なのに、人間の目には異なって見える。また、壁に色を塗る際の塗り方の違いによって壁の一部が窪んで見えたり、出張ってくるように見えたりすることを取りあげる。そして、このように見えることは、所詮は私たちの視覚の混乱の類の結果に過ぎない。それなのに、画家は、そのような私たちの感覚の弱点を利用して、見る人の目を誤魔化し、それによって立体感などを感じさせる絵画を描くことを誇っている。しかしそれは非難すべきことなのだと彼は主張するのである。プラトンにとっての真理、すなわちイデアというものは、このような感覚的知覚を超えた所にあるものでなければならず、魂の目によってのみ見ることができる不変のものとされるからである。

このプラトンによって非難されたような絵画は、ギリシア語でスキアグラフィアと呼ばれているものである。日本語では陰影画と訳されているが、これは、陰影はもとより、遠近法も駆使して三次元的奥行きを感じさせる絵画のことを指す。ゴンブリッチは、このようなギリシア絵画のあり方を捉えて、プラトンとは評価の方向を逆転させて、ここにこそ、他から冠絶したギリシア絵画の独自性を認めることができるという結論を導き出す。古代ローマ時代の建築家ウィトルウィウスの著作には、スケノグラフィアすなわちギリシア悲劇を上演する舞台の背景画として描かれた絵には遠近法が採用されていたと記録されているのであるが、ゴンブリッチは、このような絵画が描かれた理由として、古代ギリシアの神話のあり方にまで遡っていくのである。それによると、ギリシア民族は、他の文明圏の民族と異なって、物語や登場人物が何であるかを示すだけで満足せず、それらがいかにあるかまでをも描写しなければ満足しない。それが、あくまでも束の間の生の表層へ執着するというギリシア精神の本質に属するものであり、そのうちにこそ絵画の遠近法技法を産み出した根拠を求めることができるというのである。

古典期における3／4斜角ポーズ

今日、これらスケノグラフィアが遺されていない以上、古代のギリシアの遠近法に関しても正確なことは知り様がない。ただ、古代ギリシアの壺絵は遺されているので、そこから間接的に推測することはできる。そうすると、その壺絵の世界に紀元前五世紀の初頭に大きな変化が生じたことが注目されることになる。すなわち、紀元前六世紀までに描かれた黒絵式の壺絵（図7-3）にはなかった特徴が、紀元前五世紀の赤絵式の作品（図7-4）にははっきりと見ることができるのである。ここであげる『ニオビーデの画家のクラテル』（紀元前五世紀）と呼ばれている壺絵のなかで、たとえば中央右下に描かれた、自分の右腿《もも》をつかんで、腰かけている若い男を見てみよう。そこでは、彼の顔や身体が斜めの方向から見たように描かれていることが認められるだろう。しかも、男の前方の左肩と後方の右肩との間には、奥行きを感じさせるような配慮がされていると見られる。また左上の武装した男が持っている盾が楕円形に描かれているのも重要である。いずれも、線遠近法の技法に属する描き方とみなせるのである。

そこで、注意しなければならないことは、この斜めから見たポーズで描かれる

図7-3　壺絵（黒絵式）

ということの意味である。それは、すでに第一章で触れた通り、『クリティオスの少年』と題された古典期初期の彫刻に明確に現れた特徴であったのである。この古典期の成立時期に作られた彫刻においては、少年の右脚はやや前方にあって浮き足になり、身体の重心は左脚の方にかかっている。その結果、身体をややよじったポーズ、3／4斜角ポーズで描かれている。そして注目すべきは、この特徴が、この彫刻が作られたと想定されている紀元前四八〇年——まさにサラミスの海戦の時代——より以前、すなわちアルカイック期の彫刻にはけっして見られない特徴だということである。アルカイック期の彫刻では、対象の人物の前方から見た姿と真横から見た姿しか意識されていない。そのことでは、新石器時代以来の全オリエント世界の画像表現と変わりがない。そこで、全体の印象は著しく静的《スタティック》なものとなって

図7-4　壺絵（赤絵式）「ニオビーデの画家のクラテル」

いる。それに対して、この『クリティオスの少年』の場合には自然な動きというものが表現されていると言えるのである。

遠近法的空間というものは、現に生きている私たちが住まっている空間に連続する空間であるということができる。そして、現実の、つかの間の生に価値を認め、それを肯定することこそ、最盛期のギリシア精神の示したものにほかならない。たとえば、ニーチェは、ギリシア人を形容して、あえて仮象に留まることの深さを知っている民族（『喜ばしき知恵』）と語っているが、ギリシア古典期の遠近法を産み出した精神などその典型例であるということになろう。プラトンはその遠近法的見方に対して批判的であったのだが、このプラトンの場合でも、遠近法的空間表現に関しての知識をふまえた上で、それにあえて批判的な姿勢を示すという方式を取ったということを忘れてはならない。その点では、彼もギリシア精神に属する哲学者であったということになろう。

このような古代ギリシアに起源を持つ遠近法は、透視図法――これこそルネッサンス遠近法を特徴づけるものだが――とは異なった奥行表現を実現している。それをここでは古代遠近法と呼ぶことにしているが、これは透視図とは異なった、斜投影図というものに関わらなくてはならないので、それについて検討しておく必要があるだろう。

透視図と斜投象図

古代遠近法について理解するためには、線遠近法の極限形態をなす「斜投象図」についての考察から始める必要がある。[註1] 図7-5の①として示されたものが斜投象図で

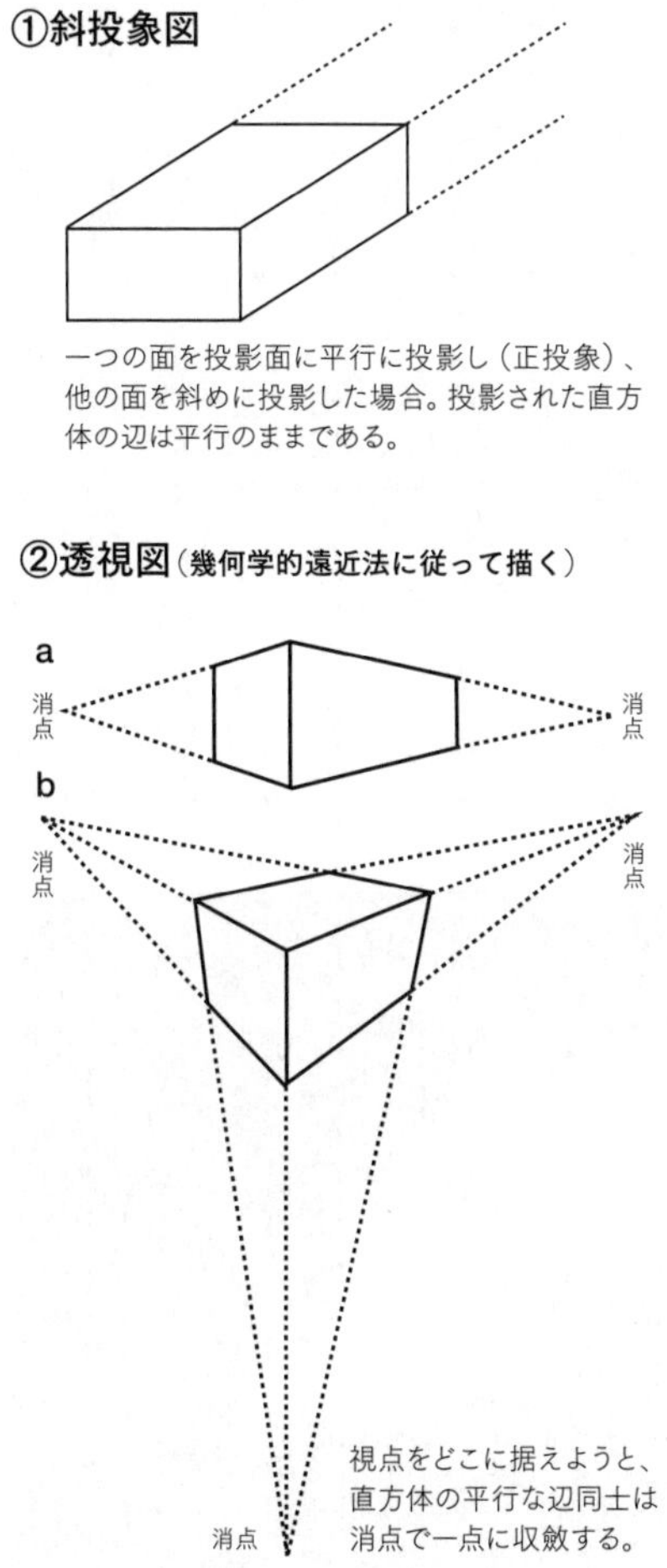
①斜投象図
一つの面を投影面に平行に投影し（正投象）、他の面を斜めに投影した場合。投影された直方体の辺は平行のままである。
②透視図（幾何学的遠近法に従って描く）
a
消点
消点
b
消点
消点
消点
視点をどこに据えようと、直方体の平行な辺同士は消点で一点に収斂する。
図7-5　斜投象図

ある。御覧のように、ここでは、直方体が斜め上から眺められたように描かれているが、この立体を構成する平行線は、無限遠点で消点に収斂するというようには描かれていずに、平行線のままにどこまでも延びていくように描かれている。その点では、図7-5の②の線遠近法に従った透視図とははっきりと違っている。しかし、もし仮に私たちが無限に遠い距離から、強度の望遠レンズを使った望遠鏡でこの立方体を眺めたとするならば、この立方体の前面を構成する点と後方の点との間の距離など無視できるものとなるだろうから、この斜投象図のように見えるはずである。望遠レンズを使って撮影したピアノの演奏会のテレビ映像(図7-6)を見ると、鍵盤のならびが作る平行線が遠近法的に遠方の一点にむかって収斂してゆかず、平行線のままか、奥

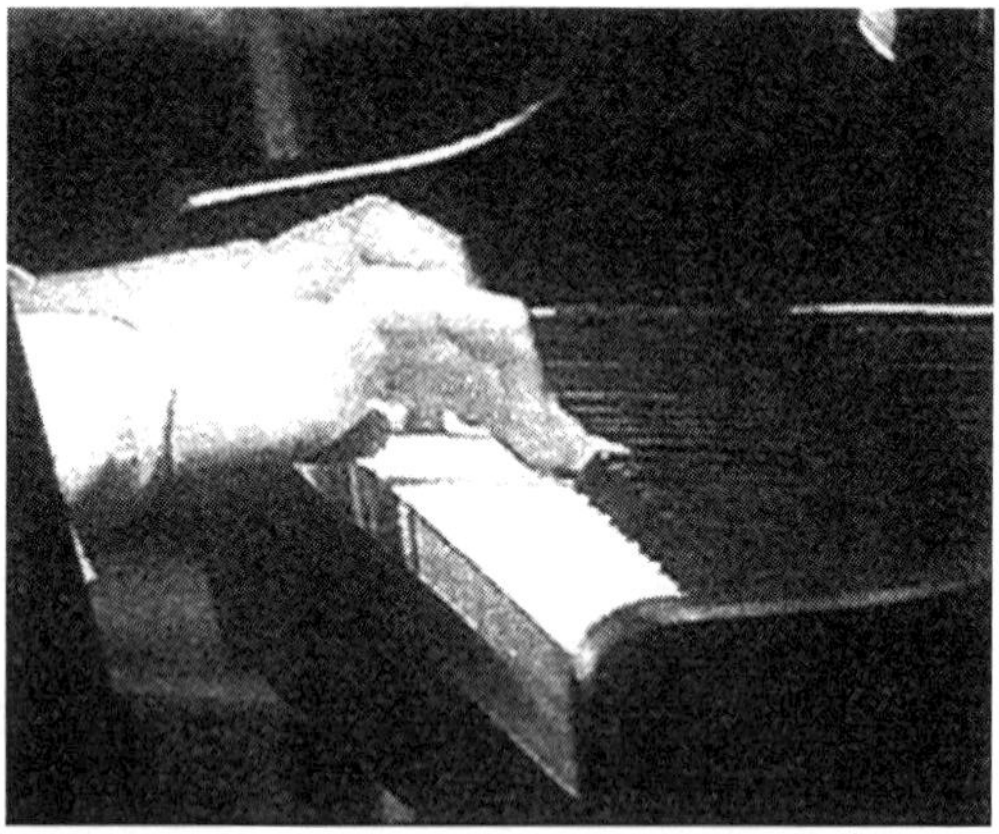

図7-6　望遠レンズで捉えたピアノ演奏会のテレビ映像

に行くほどかえって広がっていくように見える場合があることなど、その望遠レンズ効果の一例と言えよう。斜投章図の上に成立した古代遠近法は、言わば望遠レンズ効果によって獲得された図像であると言えそうである。

すでに見たように、この斜投象図を使って奥行きを表現する古代遠近法すら、古典期ギリシアを待たなくては人類美術に登場しなかったようである。[註2] しかし、古典期以降となれば、ポンペイの壁画に明らかなようにこの斜投象図が使われている絵画作品を見つけるのは難しいことではない。また、さらに興味深いことは、この斜投象図が、写実的な描写とともに遠近法をも捨てたと

図7-7　ラヴェンナのモザイク画

みなされている中世美術においても登場してくることである。その例を見てみよう。ビザンチンのモザイクでは、ある意味では、遠近法は乱暴に圧殺されてしまっているかに見える。図7-7のイタリアのラヴェンナにあるモザイクは、旧約聖書に出てくる、三人の天使がアブラハムを訪問している場面を描いた作品である。そこで、天使の前のテーブルに置かれたパンは完全な円形をしているし、天使の足は、奥の方にあるテーブルの横木の下から出て前方の横木の上に置かれるように描かれている。またテーブルのはしの二本の平行線は、遠方で一点に収斂するようには描かれず、平行のままである。その点では、線遠近法の原則に全く反しており、したがって奥行き感は弱く、草の生えた地面等はまるで壁のようにそそり立って見える。しかしそれでも、テーブルが斜め上から見られたように描かれていることは注目すべきであって、このような斜投象図に従った表現は、古典期ギリシア以降の絵画にしか現れてこなかったものなのである。さらにつけ加えておく必要があることは、中国の山水画などに示された奥行き表現にも斜投象図を使った表現が認められるということである。

北宋画院を代表する郭煕の『早春図』（図7-8）を取り上げてみよう。この作品においては、遠方の山岳は縮小され、かつ霧に霞んだように描かれ、近くの岩は強く皺を

図7-8　郭熙「早春図」

ほどこされて描かれていることが見えてくる。立ち並ぶ木々については、遠方の木々は縮小させられ、前方の木々は拡大されるというように描かれている。限定された形での幾何学的遠近法の使用と呼べるであろう。それとともに、遠方に見える多少をぼんやりと描き、近くにある対象を明確に描く空気遠近法の多用により遠近感が作り出されているのである。ただし、二本の平行線が無限遠の距離で一点に収斂する幾何学的遠近法は使用されておらず、これはルネッサンスをもって初めて実現されるに至る。このように、確かに厳格な意味での遠近法はルネッサンス以降確立されるものであり、中国絵画ではいまだ斜投象図の使用という段階に留まってはいるが、奥行き空間創出への意志は、東洋画においてもはっきりと見られるのである。このような奥行が、ガンダーラを経由してギリシアから中国に流入した仏教美術によってもたらされたものであることは容易に推測できる。また唐代、宋代の中国で確立された山水画における遠近法技法が日本へ流入し、新たな絵画の伝統を作っていったことは改めて指摘するまでもないであろう。そこで、確認しておかなければならないことは、このような形によってでもなされた、東洋における奥行き空間の追求も、古代ギリシア文化での奥行追求の試みが西洋世界に拡散されるということがあってのことだということである。そのことを思えば、ギリシア文化の影響力というものがいかに大きな広がりをもったものであるのかが明らかになってくるだろう。

註

1　透視図遠近法と斜投象図については、黒田正巳『透視図』（美術出版社）に従っているが、私の独自の見解も加えられている。

2　興味深いことは、この古代遠近法の拒否ということは、新石器時代を超えて旧石器時代にまで遡ると認められなくなるということである。ラスコーのクロマニオン壁画（図7－9）において、描かれた野牛の前足は、前後二本重なるように描かず、斜めから見られたように描いている。これは、同じくクロマニオン動物壁画に見られる動物の身体の彩色に施された隈と等しく、立体感の追及例として見ることが出来る。もとより、このことはギリシア精神の問題とは別のことであるが。

図7-9　ラスコーの壁画

私は、哲学という学問を専門とするが、ギリシア哲学を専門としているわけではない。しかし、哲学の勉強をしようとすれば、どうしてもギリシア哲学に触れざるを得なくなるということはある。それも、プラトンやアリストテレスのようなオーソドックスなギリシア哲学に触れるだけではない。文学、歴史、演劇とギリシア文化全体に広がっていくということがあるはずなのである。

ヘロドトスやトゥーキュディデースの歴史書は、やがて哲学を打ち立てるに至るようなギリシア人の知性がいかなる現実のなかから生まれてきたかを物語るであろうし、ギリシア悲劇は、深刻な運命を扱い、いかにも哲学的内容を含んでいるかに見える。逆に、『パイドロス』のような所謂哲学書というにふさわしい内容を含んだ書物が、恋愛感情に対する立ち入った分析を含んでいるということもあるのだ。

そのような、哲学と非哲学との微妙な境界線上にある知性というものを、その微妙さの持つ可能性を生かす形で展開してみようとするのが、本書の意図であったと言える。それが達成されていることを切望する次第である。

二〇一八年一月

佐藤康邦

創刊の辞

この叢書は、これまでに放送大学の授業で用いられた印刷教材つまりテキストの一部を、再録する形で作成されたものである。一旦作成されたテキストは、これを用いて同時に放映されるテレビ、ラジオ（一部インターネット）の放送教材が一般に四年間で閉講される関係で、やはり四年間でその使命を終える仕組みになっている。使命を終えたテキストは、それ以後世の中に登場することはない。これでは、あまりにもったいないという声が、近年、大学の内外で起こってきた。というのも放送大学のテキストは、関係する教員がその優れた研究業績を基に時間とエネルギーをかけ、文字通り精魂をこめ執筆したものだからである。これらのテキストの中には、世間で出版業界によって刊行されている新書、叢書の類と比較して遜色のない、否それを凌駕する内容のものが数多あると自負している。本叢書が豊かな文化的教養の書として、多数の読者に迎えられることを切望してやまない。

二〇〇九年二月

放送大学長　石　弘光

放送大学

学びたい人すべてに開かれた
遠隔教育の大学

〒261-8586 千葉市美浜区若葉 2-11
Tel: 043-276-5111　Fax: 043-297-2781　www.ouj.ac.jp

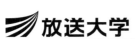

佐藤 康邦（さとう・やすくに）
倫理学、哲学。東京大学名誉教授。主な著書に『ヘーゲルと目的論』（昭和堂）、『カント『判断力批判』と現代』（岩波書店、第18回和辻哲郎文化賞受賞）『教養のヘーゲル『法哲学』』など、共訳書にヘーゲル『法の哲学』（岩波書店）などがある。

1944年　東京都生まれ
1973年　東京大学大学院人文科学研究科博士課程単位取得退学
　　　　同大学教養学部社会科学科助手
1977年　東洋大学文学部専任講師
1980年　同大学助教授
1989年　同大学教授
1996年　東京大学大学院人文社会系研究科教授
2006年　東京大学名誉教授、放送大学教授
2014年　放送大学客員教授

シリーズ企画：放送大学

古代ギリシアにおける哲学的知性の目覚め

2018年2月10日　第一刷発行

著者　佐藤康邦

発行者　小柳学

発行所　株式会社左右社
〒150-0002 東京都渋谷区渋谷 2-7-6-502
Tel: 03-3486-6583　Fax: 03-3486-6584
http://www.sayusha.com

装幀　松田行正＋杉本聖士

印刷・製本　中央精版印刷株式会社

Printed in Japan ISBN978-4-86528-189-7